宇和島伊達家の女性たち

宇神幸男

現代書館

まえがき

江戸時代、諸国に藩（大名家）があり、藩主（大名）の正室・側室・その娘、それらの女性に仕えた奥女中がいました。家臣や庶民にも家族があり、妻や娘がいて、不倫や離婚があったのは現代と同じです。

この本では、四国伊予（愛媛県）の宇和島藩の歴史を彩った女性たちをご紹介しています。また、宇和島藩の支藩（分家）である伊予吉田藩についても、多少とも言及しました。

小著は、全体を戦国時代篇・江戸時代篇・明治時代篇の三部構成としました。

戦国時代篇は宇和島藩の成立前史であり、戦国ゆかりの女性に言及しています。

江戸時代篇はほぼ年代順に藩史を辿っています。したがって、女性の登場しない項があります。

宇和島伊達家には大量の伝来品が保存されていますが、藩主と夫人の肖像画は数点しか伝来せず、掲載できないのは残念です。しかしながら、伊達家には膨大な文書史料が残っており、女性に関する記述は少ないとはいえ、片鱗を窺うことはできます。とりわけ、八代藩主伊達宗城《むねなり》は筆まめ・記録魔で、日記類にさまざまな女性が登場します。

明治時代篇では、華族となった伊達家に関わる女性たちを、主としてご紹介しています。ここでも、死の年（明治二十五年）まで書き継がれた伊達宗城の日記や備忘録に多くを負っています。

小著には歴史をゆるがした女性も登場しますが、多くは知られざる女性たちです。

知られざる、しかし歴史の彼方に確かに実在した、さまざまな女性たちに想いを馳せていただければ幸いです。

宇和島伊達家の女性たち

目次

まえがき　I

戦国時代篇　……　7

芭蕉の母は宇和島生まれ？／伊達秀宗の母は秋田美人？／秀宗の育ての母は淀殿／富田信高の妻は女武者／名門井伊家から輿入れした亀姫／富田家滅亡／大坂の陣／千姫と坂崎直盛

江戸時代篇　……　23

家老を上意討ち／於小奈と於たつ／三万石御墨付／美女に溺れる／伊達綱宗の強制隠居／仙台不美人説／伊達騒動／妖婦を使って御家乗っ取り／忠臣蔵に名を残す／稲姫は賢夫人／ある家老の日記／真田家に嫁いだあんず姫／婿殿は大男／黄門様、宇和島へ／殿様、帰国途中に急死／名君村候と護姫／ある側室の一生／三浦家の「家内心得」／三浦家の食生活／結婚前に夫と同居した姫君／優しいお殿様／百歳婆さんの湯呑／大屋形様の隠居暮らし／二人の女流歌人／不義密通は磔獄門／幻の姫君／猶姫は出戻りの姉さん女房／正姫、江戸へ／二宮敬作と楠本イネ／伊達宗城の宇和島日記／高野長英と宇和島妻／村田蔵六／

ちょうちん屋嘉蔵／伊達宗城の江戸日記／美少女剣士千葉佐那／佳姫の婚礼／夫婦で交換日記――裸踊りをする奥女中／コレラ騒動と安政の大獄／蒸気船完成／殿様と網元の娘／正姫と慰めの琴／町医者岡太仲は女好き／奥女中染川の選択／嘉蔵、江戸へ／佳姫の宇和島暮らし／伊達宗城の三人の側室／放蕩大名と姦婦／老女綾瀬と歌人逸女／イネ、伊達家の医師に／唐饅頭がお気に入り／猶姫の死と高子の結婚／高子、軍艦に乗る／アーネスト・サトウ来る／西郷どんを煙に巻く――西郷の恋人豚姫／大政奉還、王政復古／戊辰戦争／伊達宗徳の退屈日記

明治時代篇 ………………

伊達宗徳、高子と再会する／吉田藩の終焉／嘉蔵と七人の妻／江藤新平と芸者松吉／大坂屋敷にあさが来た／渋沢栄一の娘／中野逍遙、恋に死す／侯爵伊達家――華麗なる一族／百歳長寿の春山と保科節子／大正三美人白蓮の悲恋

参考図書・文献　182

図版出典一覧　185

あとがき　189

凡例

・人物の年齢は満年齢とした。満年齢に換算できないものは、数え年もしくは享年を記した。
・難読・稀読の人名には読み（表音）を振り仮名にした。不明なものには振り仮名を付していない。
・物故者の敬称はすべて略した。
・図版情報は掲載頁とともに185頁の図版出典一覧にまとめて記載している。

戦国時代篇

戦国時代の終わりをいつまでとするか、諸説ある。小著では大坂夏の陣での豊臣家滅亡をもって終わりとする。

芭蕉の母は宇和島生まれ？

芭蕉忌や母は宇和島の人の由

小泉英

宇和島の郷土紙「南豫時事新聞」の編集長をしていた小泉源吉（俳号は英）の句である。昔から宇和島では、松尾芭蕉の母は宇和島出身とされてきた。事実だろうか。

話は戦国時代に遡る。天正十三年（一五八五）、土佐の長宗我部元親は四国全土を制圧するが、羽柴秀吉の四国征伐軍に降伏、阿波、讃岐、伊予を取り上げられ、土佐一国を安堵されるにとどまった。伊予一国は、四国攻めの主将小早川隆景の領地（一部は安国寺恵瓊《えけい》領）となる。まもなく小早川隆景は九州征伐に転戦し、九州攻めに活躍した福島正則と戸田勝隆が伊予を半国ずつ分けあった。

小早川隆景に在城を許されていた南伊予の小領主たちを、戸田勝隆は容赦なく下城させた。その結果、一揆が多発し、天正十六年二月、戸田は板島丸串城に入城し、一揆勢の殲滅にかかる。

司馬遼太郎の『街道をゆく14　南伊予・西土佐の道』（一九八一年初版）に、一揆勢の大量虐殺、板島城下での殺人・強奪・強姦が詳しく書かれ、司馬は戸田勝隆を「合戦には強かったらしい。強かったという以上に、のちの宇和島での行状からみると殺人を平気でやる手合いの男」「狂人に近い男」

としている。

しかし、戸田は槍一筋の武将ではなく、千利休、津田宗及らの茶会にも招かれ、南伊予の民政の安定と産業振興にも力を注いだ。

戸田勝隆が所有していたとされる火薬入れが伝来する。緋色の巾着袋に黄金の十字架があしらわれている。十字架を所持するのはほぼ例外なくキリシタンである。戸田は文禄の役で、兵を率いて朝鮮に渡海した。このとき、渡海用の大船を造るため、領内の寺社の名木・霊木まで伐らせた。これも戸田の悪行の一つとされるが、キリシタン大名なら当然の行為である。

朝鮮との講和交渉後、戸田勝隆は帰国途中、病死した。継嗣がなかったので、戸田家は廃絶し、水軍の将として活躍した藤堂高虎に南伊予が与えられた。高虎は板島に本格的な城郭を築き、城下町を整備した。

藤堂高虎創建板島城天守復元立面図

関ヶ原の合戦で高虎は東軍に属して奮戦し、伊予半国二十万石を与えられ、新たに伊予今治に居城を築いた。家康の信任厚い高虎は順調に出世し、最終的には伊勢津藩三十二万石の大大名となる。
藤堂家に服部半左衛門という家臣がいた。半左衛門は幼くして芭蕉の門人となる。伊賀蕉門を代表する俳人で、俳号は土芳《とほう》。著書『芭蕉翁全傳』に、「母は伊与国宇和島産桃地氏の女《むすめ》」（伊与は伊予）とある。
桃地氏といえば、石川五右衛門に忍術を教えた百地三太夫が思い浮かぶ。百地三太夫は架空の人物。実在した伊賀流忍法の祖桃地丹波の娘が、芭蕉の母の梅である。「母は伊与国宇和島生まれ」であれば、梅は藤堂高虎が伊予今治に転封する慶長五年（一六〇〇）以前に板島（宇和島）で生まれたことになる。

伊賀名張の土豪出身の松尾与左衛門に嫁いだ梅は、寛永二十一年（一六四四）に芭蕉を産む。仮に梅が慶長五年に宇和島で生まれたとすると、芭蕉を産んだとき四十四歳以上、高齢出産である。そこで、「母は、伊与国宇和島生まれ桃地氏の女」と解釈する研究者もいる。

伊達秀宗の母は秋田美人？

関白秀吉は天正十五年（一五八七）十二月、関東・東北の諸大名の私戦を禁止するが、伊達政宗は会津を攻略して宿敵蘆名氏を滅ぼし、関東進撃をめざす。秀吉は再三にわたって上洛をうながすが、政宗はこれを無視した。

天正十七年の末、小田原征伐への参陣を命じられ、伊達家は主戦論と恭順論に分かれた。政宗は悩んだあげく、翌年の三月下旬、小田原参陣を決意した。母義姫の政宗毒殺未遂事件があり、当初の予定が一カ月も遅れたが、六月九日、政宗は死装束で小田原の秀吉に拝謁した。

政宗は秀吉に歓待されたが、奥州仕置によって領地の半分を取り上げられた。政宗は正室愛姫《めご》（三春城主田村清顕の娘。田村御前）を京都に住まわせ、豊臣の監視下に置いた。人質である。その後、政宗は秀吉の命によって蒲生氏郷とともに葛西・大崎一揆の平定にあたるが、氏郷が「一揆を煽動しているのは政宗」と秀吉に報告したため、弁明のために入京した。その行列が異様で、黄金の磔柱《はりつけばしら》を押し立て、政宗は死装束。またしても政宗は秀吉に赦される。しかし、領地は五十八万石に削られ、居城の米沢城から岩手沢城への移転を命じられた。

天正十九年九月、政宗は岩手沢城に入城し、岩出山城と名を改めた。十二月（九月説もある）、奥州柴田郡の村田民部の居館で、政宗にとって初めての男子兵五郎《へいごろう》が生まれた。母子は翌年、岩出山城に入った。

宇和島では、「兵五郎（のち伊達秀宗）の生母は、政宗の家臣飯坂宗康の娘で飯坂局《いいざかのつぼね》とも吉岡局《よしおかのつぼね》ともよばれ、新造の方ともいい、猫御前の異名があった」というのが通説になっていた。事実、飯坂宗康の娘は飯坂局であり、吉岡局である。飯坂宗康の娘はその居住地が変わるたびに飯坂局、松森局、吉岡局と呼び名が変わったのである。

仙台の郷土史料『飯坂盛衰記』は、伊達家の一門として栄えた飯坂家が、伊達騒動（寛文事件）によって断絶するまでを記している。飯坂宗康の二女は絶世の美女で、飯坂局とよばれ、政宗お気に入りの側室であった。ところが、疱瘡（天然痘）を発病し、醜くなった顔を恥じ、政宗の前から姿を消す。政宗は八方手を尽くして捜索するが、ゆくえは知れなかった。

松森（仙台市泉区松森）の陋屋《ろうおく》に隠れ住んでいた飯坂局は、たまたま松森に鷹狩りに来た政宗に発見された。幼い頃、疱瘡で右目を失明した政宗は飯坂局を深く憐れみ、松森に居館を与え、以後、松森局とよばれる。しかし、この女性には子がなく、兵五郎の母ではない。

兵五郎を産んだのは出羽国本庄城主六郷伊賀守の娘である。政宗の側室になり、新造の方とよばれた。出羽国は秋田、新造の方は秋田美人だったかもしれない。城下の猫を集め、岩出山城の鼠退治をしたので猫御前とよばれたという伝承がある。

秀宗の育ての母は淀殿

政宗の正室愛姫（田村御前）になかなか男子ができないので、兵五郎は岩出山では「御曹司様」とよばれ、伊達家の家督継承者であった。文禄三年（一五九四）二月、政宗は新造の方と兵五郎を連れて上洛し、三歳の兵五郎を豊臣家の人質に差し出した。秀吉は大いに喜び、兵五郎は竣工まもない伏見城で養育される。人質として差し出された諸大名の妻子を監督するのは秀吉の正室北政所《きたのまんどころ》（ねね、おね）の役目で、伏見城で兵五郎は北政所に育てられた。

文禄四年、関白秀次事件が起きる。謀反の疑いをかけられた豊臣秀次は高野山で切腹、秀次の一族は、女子供にいたるまで京都三条河原で処刑された。秀次と懇意にしていた大名や武将も謀反の嫌疑をかけられ、その一人である政宗は急ぎ上洛し、弁明につとめた。家康のとりなしもあって処罰を免れたが、以後十四年間、京都在住を余儀なくされる。

文禄五年五月五日、兵五郎は聚楽第《じゅらくてい》で元服し、天皇に会うことができる従五位下侍従の位を与えられた。また、秀吉の秀の一字（偏諱《へんき》）を与えられて秀宗となる。侍従豊臣秀宗の前途は洋々、ゆくゆくは豊家の大大名である。

　秀宗は大坂城に移り、二歳年下の拾丸《ひろいまる》（秀吉の二男。秀頼）の遊び相手として、淀殿（浅井茶々《あざいちゃちゃ》）に育てられる。秀宗と秀頼が組打ちの遊びをしたとき、秀頼を組み敷いた秀宗はとっさに懐紙を取り出し、懐紙の上から秀頼を踏みつけた。淀殿は大いに感心した。これを伝え聞いた秀吉は、「秀頼を組み敷いたのは上におもねることのない剛毅な気性である。また、足下に懐紙を敷いたのは片時も忠義を忘れない武門の心がけである」と感嘆したという。

　秀吉没後、徳川家康が台頭し、日に日に豊臣の威信が衰える。慶長五年（一六〇〇）、徳川家康と石田三成の東西決戦となるが、伊達政宗が東軍に味方したので、秀宗は西軍の宇喜多秀家の屋敷に収監された。関ヶ原の戦いはわずか半日余りで終わり、秀宗は救出される。天下の形勢は徳川将軍家に移り、政宗は秀宗の扱いに窮した。この年、新造の方は秀宗の弟権八郎を産んでいる。

　戦国の世のならいとはいえ、母と子は自由に会うことができない。秀宗は母を訪ねてもよいかと政宗に伺う。政宗が秀宗の傅役《もりやく》に宛てた、「折折、新蔵（新造の方）へ見廻る之事、苦しからず候」という慶長七年二月二十日付の書状が残っている。政宗は、秀宗がこのまま大坂にいることはできないと考え、母との面会を許したのである。

淀殿（部分）

豊臣秀吉　狩野常信画

富田知信

富田信高の妻は女武者

毎年、ゴールデンウィークに限って、宇和島市立伊達博物館に「豊臣秀吉画像」が特別展示される。なぜ、秀吉の肖像画が宇和島にあるのか？　これには、藤堂氏のあとに宇和島（板島）の領主となった富田氏が関係している。

富田氏は近江国浅《あざ》井《い》郡《ごおり》富田荘の出で、富田知信（一白とも）は長浜城主羽柴秀吉の近江衆の一人。文禄四年（一五九五）七月、知信は伊勢安濃津《あのうつ》五万石の領主となる。安濃津（三重県津市）は、安濃川の河口に開けた海陸の要衝で、江戸の徳川氏への備えとして重要な軍事拠点であった。三年後、秀吉は没し、知信は旧主を偲んで狩野常信に肖像画を描かせた。

富田知信は関ヶ原合戦の前年に死ぬが、同じ近江衆の石田三成とは不仲だった。知信の子の信高は家康の東軍に属した。信高は家康の上杉景勝討伐軍にしたがい、宇都宮の小山に滞陣中、西軍が安濃津城に向かっているとの報を受け、伊勢上野城主の分部光嘉《わけべみつよし》とともに急ぎ帰国する。

西軍の包囲網を突破し、富田信高は安濃津城に入城し、籠城した。西軍は三万余の大軍。城を守るのは信高、分部光嘉、これに伊勢松阪城主古田重勝の援兵を含めても、総勢わずか千七百人ばかり。西軍の猛攻撃に信高はもはやこれまでと自害を覚悟した。そこに、美しい若武者があらわれ、槍をふるって一人また一人と敵兵を弊す。

富田の家中にこのような豪の者はいない。信高が「何者か？」と声をかけると、若武者は兜をやおら脱いだ。長い黒髪が鎧の袖まで流れ落ちる。信高の妻であった。富田信高は降伏勧告を受け入れ、剃髪して高野山に入ったが、東軍の勝利により、家康から旧領五万石を安堵、さらに二万石を加増された。

慶長十三年（一六〇八）九月五日、伊予の藤堂高虎は伊賀・伊勢二十二万石を与えられ、富田信高が板島十万石の領主となった。板島城下に高虎が父白雲の菩提寺として普請中の寺院があった。信高はこれを父知信の菩提寺とし、正眼院《しょうげんいん》と称した。信高は「豊臣秀吉画像」を正眼院に納めた。正眼院は後年、伊達家の菩提寺金剛山大隆寺となる。それで、宇和島に豊臣秀吉の肖像画が残っているのである。

富田信高

月岡芳年描く富田信高夫人

名門井伊家から輿入れした亀姫

慶長七年（一六〇二）九月、政宗は十二歳の秀宗を伏見城の内大臣家康に拝謁させ、秀宗は徳川家の人質となり、淀殿や秀頼と別れ、江戸に移る。八重洲河岸に屋敷を与えられたが、その生活は孤独で窮屈だった。

政宗は秀宗の家臣に「十一ケ条の掟書」を送っている。「手習い・読書を不断に指南せよ、外出は月に一度とせよ、鷹狩り・鉄砲・花火をしてはならない、大酒は厳禁、安易に人と親しくしてはいけない」といった内容である。

亀姫の墓（金剛山大隆寺）

慶長八年正月、政宗は五歳の虎菊丸を伏見城の家康に拝謁させた。虎菊丸の母は愛姫である。愛姫と虎菊丸は江戸外桜田の屋敷に移り、秀宗の弟権八郎も愛姫に同行した。政宗は権八郎を飯坂家の養子にし、仙台の松森局に育てられる。これからすると、新造の方は江戸にも仙台にも行けない病身であったと考えられる。

慶長十四年二月、秀宗は家康の命により彦根城主井伊直政の娘亀姫と結婚した。秀宗は十七歳、亀姫は十一歳（推定）である。亀姫は長持（衣服、調度品を入れる箱）三五〇棹を持参し、そのうち三〇棹には具足・女中具足・馬具・弓・鉄砲・陣幕などが収められていた。泰平の世になると、お姫様の婚礼道具から武具は姿を消す。

慶長十七年四月二十二日、新造の方は病没し、政宗は追悼の和歌を三首詠んでいる。そのうちの一

首は、

世の中の濁りに染まぬ身なりせば　蓮《はちす》の臺栖《うてなすみか》ならまし

というもので、新造の方の人となりがそこはかとなく窺われる。

結婚後三年、亀姫は長男宗實《むねざね》を産んだ。その後、二男宗時、長女菊、二女萬、三女鶴松と五人の子に恵まれる。寛永七年（一六三〇）八月七日、秀宗に先立つこと二十八年、江戸において三十二歳（推定）で没した。

富田家滅亡

慶長十八年（一六一三）十月、富田家は改易（所領没収、身分剝奪）された。富田家を改易に追い込んだのは坂崎出羽守《でわのかみ》直盛である。女武者として名を馳せた信高夫人（名は伝わらない）は宇喜多忠家の娘で、坂崎直盛は信高夫人の弟。直盛にとって信高は義兄である。直盛は関ヶ原合戦で軍功があり、石見《いわみ》国津和野三万石を与えられていた。

慶長十年、信高夫人の甥（直盛にも甥）の宇喜多左門という者が、直盛の寵童と密通した。坂崎直盛は家臣に命じてこの寵童を斬り殺した。左門は寵童を殺した家臣を斬り、坂崎家を逐電した。左門

富田信高夫人

は宇喜多忠家を頼り、忠家の口利きで伊勢安濃津の信高に庇護される。

これを知った直盛が「左門を差し出せ」と富田家に迫ると、富田家の家臣は「左門はすでに当家を去り、ゆくえは知らない」と答えた。激怒した直盛は安濃津城に乗り込もうとするが、信高は伏見に出仕して不在という。直盛は伏見で信高と一戦交えることにしたが、諫言する者があり、「富田信高が罪人を匿っているので、引渡しを命じてほしい」と大御所家康に訴えた。「そのようなことは公儀に相談せよ」ということで、直盛は将軍秀忠に訴えた。秀忠は証拠不十分として取り合わなかった。

左門は諸国を流浪し、信高夫人の妹の嫁ぎ先である日向《ひゅうが》国延岡城主高橋元種のもとに身を寄せた。甥の身の上を憐れんだ信高夫人は、毎年、延岡に米を送った。左門には篠原某という従者がいたが、長年の流浪生活に嫌気がさしていた。篠原某は信高夫人が延岡の左門に書き送った書状を盗み、これを手土産に直盛に帰参を願い出た。

直盛は狂喜し、この手紙を動かぬ証拠とし、江戸の家康と将軍秀忠に訴えた。慶長十八年十月八日、家康と秀忠の前で、信高、元種が直盛と対決した。左門隠匿に反論の余地はなく、富田家、高橋家は改易され、左門は処刑された。板島富田家十万石は幕府直轄領となった。

大坂の陣

慶長十六年（一六一一）、政宗の二男虎菊丸が江戸城で元服し、将軍秀忠の一字を賜って忠宗となる。秀宗より八歳年少の忠宗が、正式に伊達家の後継者となった。慶長十九年、政宗・秀宗父子は大坂冬の陣に兵一万を率いて参戦する。十四年前の東西決戦の際、政宗は味方すれば百万石を与えるという家康の御墨付を与えられていた。政宗がどさくさ紛れに領地拡大（和賀一揆の煽動）を図ったので、約束は守られなかった。

政宗は冬の陣の開戦直前、「侍従秀宗には領地がない。これでは将軍家への御奉公もままならない。なんとかしてほしい」と家康に要求した。慶長十九年十二月二十八日、冬の陣の和睦直後、「関ヶ原合戦以来の政宗の戦功と秀宗の忠義に酬いる」として、秀宗に十万石が与えられた。「百万石御墨付」の一部履行で、家康は政宗の要求に折れ、幕領の宇和郡板島十万石をしぶしぶ与えたのである。

翌る慶長二十年三月十八日、伊達遠江守《とおとうみのかみ》秀宗以下、五十七騎の上級家臣が板島城に入城した。以後、家臣と家族、職人や商人とその家族など、二千人に近い人びとが仙台、江戸、大坂、京都から板島入りした。

秀宗は大坂夏の陣に参戦しなかった。幕府に在国を命じられたからである。戦場に秀頼と兄弟のように育った秀宗がいては不穏、と家康が警戒したからという。秀宗は政宗から送られた書状によって、大坂落城、淀殿と秀頼の自害を知る。

大坂夏の陣では多くの侍女が秀頼と淀殿に殉じた。秀頼の正室千姫は救出されたが、秀頼の子国松

徳川兵の婦女連行（「大坂夏之陣図屏風」部分）

徳川兵の婦女暴行（「大坂夏之陣図屏風」部分）

（側室伊茶の子。七歳）は京都市中を引き回しの上、六条河原で斬首された。国松の妹泰姫は千姫の嘆願で死を免れ、鎌倉の東慶寺に入山し、天秀尼となった。

屏風絵「大坂夏之陣図屏風」（大阪城天守閣保管）には、殺戮、誘拐、強姦など暴虐の限りを尽くす徳川兵が描かれている。いままさに誘拐されようとする小袖姿の女性、裸に剝かれた女性の描写も生々しい。この絵を見ていると、戦国時代は大坂夏の陣で終わったという思いを禁じ得ない。

千姫と坂崎直盛

千姫は徳川秀忠と夫人江《ごう》の長女で、家康の孫娘である。江は淀殿の妹であるから、淀殿は千姫の伯母になる。千姫は祖母のお市（信長の妹）に似て美貌だった。

大坂落城のとき、「千姫を救え。助け出した者には褒美として千姫を与える」という家康の命に、坂崎直盛は燃えさかる大坂城から千姫を救出するが、顔に火傷を負う。その醜い顔を千姫に嫌われ……というのは俗伝であるが、山本有三の戯曲「坂崎出羽守」（大正十年（一九二二）九月、六世尾上菊五郎が初演）で有名になった。

千姫の無事を喜んだ家康は、千姫の再婚相手を公卿の中から探すよう坂崎に頼み、坂崎は勇躍して千姫の再嫁先を探した。千姫は大坂から江戸に向かう途中、桑名での乗船の際、世話役の本多忠刻《ただとき》を見初めた。忠刻は十万石伊勢桑名城主本多忠政の嫡男で、美男だった。

まもなく家康は死に、坂崎は増上寺の法要の席で千姫と忠刻との祝言が近いという話を聞きつけた。激昂した坂崎は、「千姫様が本多へ嫁ぐとあれば、輿入れの行列を襲い、姫様を京へお連れするまで」と千姫強奪を企てる。

計画は露見し、坂崎は湯島の藩邸に立て籠った。幕府は藩邸を兵で包囲し「切腹すれば嫡男に家督相続を許す」と持ちかけた。坂崎はすぐさま嫡男を斬り殺し、幕府の申し出を拒否した。そこで、旧知の柳生宗矩が邸内に入り、諄々と諭したので、坂崎は切腹した。智将立花宗茂の甘言に乗せられた家臣が、酔って寝ている坂崎の首を切断したともいう。

千姫（部分）

江戸時代篇

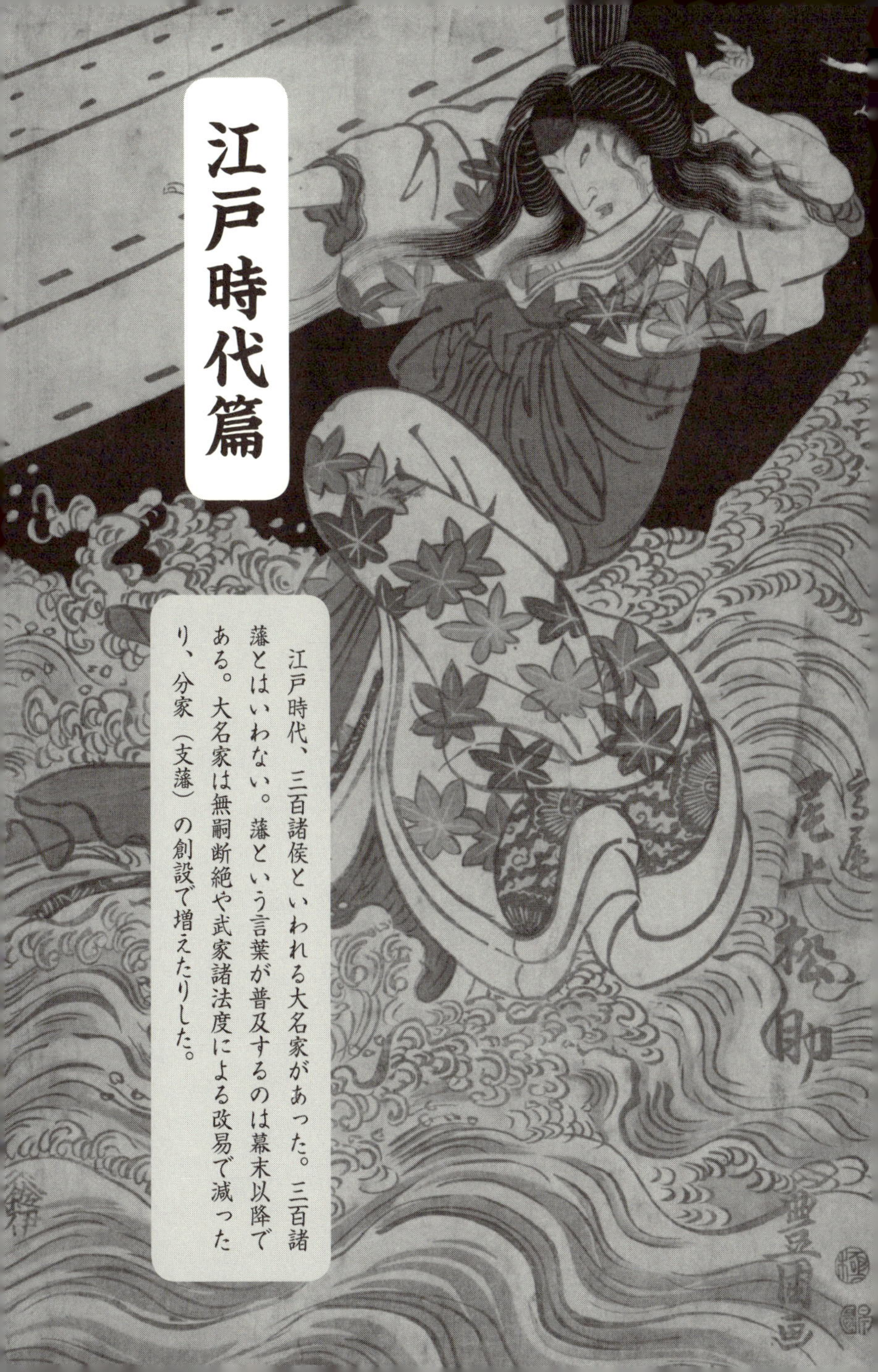

江戸時代、三百諸侯といわれる大名家があった。三百諸藩とはいわない。藩という言葉が普及するのは幕末以降である。大名家は無嗣断絶や武家諸法度による改易で減ったり、分家（支藩）の創設で増えたりした。

家老を上意討ち

筆頭家老桑折《こおり》左衛門を後見役、桜田玄蕃《げんば》を侍大将、山家清兵衛《やんべせいべえ》を惣奉行として始まった宇和島藩経営は前途多難だった。

元和三年（一六一七）、伊達政宗から借りた創業資金三万両（六万両とも）の返済をめぐって、親子の仲だから返さなくてよい、今のところは返さなくてよい、少しずつ返していけばよい、と藩論が分裂した。結局、山家清兵衛の主張が通り、城下の北口に仙台役所が置かれ、政宗の死まで十八年間、三万石を仙台藩に納める。

宇和島の郷土史ではそういうことになっているが、借金が三万両だとして、三万石がその返済のためであれば一回で完済できる。毎年の三万石はあきらかに政宗への分知である。「十四年もかけて家康からもぎとった十万石、三万石は自分の取り分」と政宗が考えていたとしても不思議はない。

板島入りから三年、領国経営のめどがついたところで、山家は三万石分知を断行した。三万石は家臣の給与を減俸して捻出されたので、家中に山家清兵衛への憎悪、排斥の声が高まった。なお、「板嶋」が「宇和嶋」と改名されたのはこの頃である。

元和六年六月二十九日深夜、山家邸を刺客が襲撃した。清兵衛は蚊帳を吊って寝ていたが、刺客は蚊帳の四隅《よすみ》の吊手を切って落とし、清兵衛を芋刺しにした。二男、三男も斬り殺され、家来が逃そうとした八歳の四男は井戸に投げ込まれた。隣家の娘婿塩谷《しおのや》内匠《たくみ》父子三人も斬殺された。

ある時期まで、山家一族惨殺は反山家派の桜田玄蕃の私怨による暗殺とされていた。事実は、秀宗による成敗（上意討ち）である。山家清兵衛公頼《きんより》は政宗が特に抜擢した秀宗補佐役であり、監視役でもあったから、秀宗にとって疎ましい存在であった。

山家清兵衛公　五代村侯が夢枕に立った清兵衛を描いた

山家清兵衛生母　幕末頃に描かれたものと推定される

清兵衛の母、妻、二人の娘は土佐の六反地（高知県四万十町窪川）に逃れ、同地で亡くなったとされ、慰霊の小祠がある。六反地に近い愛媛県北宇和郡松野町蕨生《わらびお》の妙楽寺に、清兵衛の母と妻の遺品の長刀《なぎなた》、蒔絵の化粧道具、銅製の盥《たらい》、清兵衛の母の肖像画が伝来している。

山家暗殺は藩内の上意討ち事件ではすまなかった。事件を知った政宗が激怒し、秀宗を勘当したからである。そればかりか、「秀宗は宇和島を治める器ではない。所領を召し上げてほしい」と老中土井利勝に申し出た。あわや宇和島藩改易かという御家騒動になったが、土井利勝は「秀宗公の若気の至り」とし、政宗を慰留した。

翌年十月、政宗と秀宗が面談し、政宗は勘当を解いた。以後、政宗は秀宗に和歌を指導し、秘蔵の香木「柴舟」、愛蔵の茶入や茶壺を与えるなど、平穏な父子《おやこ》の関係が続いた。

寛永九年（一六三二）、正眼院での亀姫の三回忌法要のとき、大風が吹いて本堂の梁が落ち、桜田玄蕃が圧死した。以後、殺害関係者が次々に変死し、清兵衛の祟りとされ、伊達家は小祠を建てて霊を慰めた。

慰霊の甲斐もなく、秀宗の発病、六男徳松の夭折、長男宗實と二男宗時の三十代での早世、台風、地震など宇和島には凶事が続いた。伊達家は正式に「山頼和霊神社」を創建し、神社は江戸、大坂、京都の宇和島藩邸にも置かれた。なお、仙台にも清兵衛の長男喜兵衛が祀った和霊神社がある。江戸中期以後、山家事件は史実とはかけ離れた怨霊譚、復讐譚、霊験記、御家騒動記として、実録・浄瑠璃・歌舞伎・小説・講談・浪曲・映画になった。

於小奈と於たつ

宇和島伊達家の史料に、二代藩主伊達宗利の生母於小奈《おこな》は「大坂淀殿の姪御にて近江国浅井氏の族、本名浅井というを故あって渡邊と改姓」とある。姪というのは弟あるいは妹の娘のことである。単純に考えると、於小奈は浅井茶々（淀殿）の二人の妹、京極高次に嫁いだ初、徳川秀忠の妻になった江、いずれかの娘ということになる。しかし、初と江に於小奈という娘はいない。

於小奈の父は浅井民部四郎左衛門で、浅井民部の母が茶々の父浅井長政の側室であれば、浅井民部は浅井茶々の異母弟であり、民部の娘於小奈は淀殿の姪になる。しかし、これについてははっきりしない。「姪」というのが、現代の意味とは異なる可能性もある。

於小奈は元和元年（一六一五）生まれ、秀宗より二十四歳ほど年下である。寛永十一年（一六三四）、十九歳で犬松を産み、寛永十九年、萬吉を産んだ。犬松はのちに宇和島二代藩主伊達宗利となり、萬吉は宗職《むねもと》と名を改め、一千石を与えられて家臣に列した。

秀宗には九男六女があった。正室亀姫に長男宗實《むねざね》、二男宗時、長女菊、二女萬、三女鶴松。側室於小奈に三男宗利と七男宗職。側室山上氏の娘（名は不詳）に四男宗臣《むねしげ》。側室於たつに五男小次郎、四女竹松、五女松、八男岩松。側室小池氏の娘鶴に六男徳松、六女清、九男宗則。

於小奈、山上氏の娘、於たつは江戸の側室、京都出身の鶴は宇和島の側室である。於たつは、小早川隆景の血筋を汲む京都牢人（浪人）吉井喜兵衛の娘で、美女であった。

島原の乱が始まった寛永十四年（一六三七）、秀宗は脳卒中で病臥した。長男宗實は生来病弱だったので、二男の宗時が宇和島に帰国し、政務にあたる。宗時は領国経営に手腕を発揮したが、しだいに健康を害し、異母弟宗利を次期藩主候補とした。秀宗が隠居するか死ねば、宗利は伊達家十万石の藩主になる。なるはずであったが、そうはいかなかった。於たつが、

「仙台様に納めていた三万石、もともと無かったも同然の三万石ではありませんか。どうか小次郎に分けてやってください」

と秀宗にねだったかどうかはわからないが、秀宗は十万石のうち三万石を小次郎改め伊達宗純に分

知し、吉田藩三万石の初代藩主とする。宗利としたら、七万石に格下げされるのはたまったものではない。伊達家は山家事件以来の御家騒動になる。

三万石御墨付

承応二年（一六五三）五月、宗時が三十九歳で病没、宗利が伊達家の世嗣となった。二年後、秀宗が隠居した。このとき宗純の家臣宮崎八郎兵衛が、秀宗の三万石御墨付なるものを持ち出した。「宗利に家督を譲る。但し、十万石のうち三万石は宗純に与える」という分知状である。宇和島藩は大騒動となった。

この騒動に一関《いちのせき》一万石藩主伊達兵部宗勝が介入する。伊達兵部は政宗の十男（秀宗の末弟）で、仙台二代藩主忠宗の嫡子美作守《みまさかのかみ》綱宗の後見役をつとめ、江戸で幕府や諸大名との交渉に手腕をふるっていた。

宮崎八郎兵衛は三万石分知について彦根藩主井伊直孝に助力を乞うが相手にされず、窮して伊達兵部に泣きついた。分知状は伊達兵部の入れ知恵で、宮崎八郎兵衛が秀宗の不自由な手に筆を持たせ、手を添えて書かせたという。

伊達兵部は井伊直孝を訪ねて、こう言った。

「宇和島伊達家の小次郎は、秀宗公から自筆自判の三万石御墨付を遣わされているという。ついては、井伊殿のご意見を伺いたい」

井伊直孝には寝耳に水の話である。宗利に事実関係を質すと、「父はかねて身体不随、公儀への書状すら印判を用いていました。一家の私事に自筆自判とは不審にたえず、御墨付は偽書と思います。将軍家から拝領した十万石を自分の代で減じたとあっては、面目が立ちません」と訴えた。

伊達兵部は「御墨付に三万石とある以上、そうするほかあるまい」と井伊に迫った。井伊は「兵部殿にかかってはそのほうに勝ち目はない」と宗利を諭し、「このままでは兄弟の争いになり、世間の聞こえも悪い。小次郎に三万石を遣わします」と宗利はしぶしぶ折れた。

明暦三年（一六五七）七月二十一日、伊達宮内小輔宗純は吉田三万石の初代藩主となった。翌年の六月八日、秀宗は江戸藩邸で没し、翌日、宮崎八郎兵衛は殉死した。

美女に溺れる

元禄三年（一六九〇）に編纂された諸藩・諸大名の評判記『土芥寇讎記《どかいこうしゅうき》』は、「宗利が分不相応の高禄の輩や無学無能で人柄宜しからざる者ばかりを選んで宗純に遣わしたので、吉田伊達家は人を得ない」と評している。

分家にあたり、宗利は高禄の家臣を宗純に押し付けたが、宗純もさる者で、高禄家臣を容赦なくリストラした。暇下し、召し放ちという一方的な解雇のほか、切腹や斬罪、上意討ちもあった。

宗純の人物評は、

「宗純は儒者を抱えたり、儒者を招いて受講しているが、実は外聞を気にしての見栄からである。(中略)女色に溺れ、病気と称して昼夜閨房《けいぼう》に閉じこもり、出仕もおろそかにし、大名や一族の交際も怠けている。美童も好み、男色女色に溺れ、そのせいか顔色も悪い。息子の九十郎も、まだ若いのに父親の寵童を所望し、これに溺れている。賄賂として差し出された妾を何人も置いているので、勝手向きも不如意になっている」

とさんざんである。

磯田道史『殿様の通信簿』(二〇〇六年)によって、『土芥寇讎記』は広く知られるようになった。忠臣蔵で有名な浅野内匠頭長矩《たくみのかみながのり》も宗純と同じように、「昼夜閨房で女色に耽っている。美女を探し出して妾にさしだす家来が出世している」と酷評されている。

伊達綱宗の強制隠居

歌舞伎「伽羅先代萩《めいぼくせんだいはぎ》」で知られる伊達騒動(寛文事件)であるが、その発端となったのが三代藩主伊達綱宗の強制隠居である。承応四年(一六五五)四月十八日、二代藩主忠宗は仙台に帰国するにあたり、江戸の重臣に次のように命じた。

「公私ともに不作法(乱行)なきよう綱宗に意見せよ。奥方(忠宗夫人)の意見を遵守させよ。身内の招待以外、外出してはいけない。来客を粗略にしてはいけない。下屋敷で鷹を飛ばし、鉄砲を撃ってはいけない。奉公人をその職に応じて使用すること。能舞台を勝手気ままに使ってはならない」

綱宗は忠宗の六男で、将軍家綱の一字を拝領して綱宗と名乗り、伊達家の跡取りである。忠宗は江戸を去るにあたって、十五歳の綱宗のことが不安でたまらなかった。

翌る明暦二年（一六五六）九月二十一日、三人の奉行（他藩の家老にあたる）に宛てた文書では、「万事につけ綱宗の覚悟は悪い。立花忠茂と伊達兵部に意見させたが、いっこうに不作法がやまない。このままでは勘当するしかない」とまで書いている。綱宗の不作法がどのようなものであったのか、記録は残っていない。

万治元年（一六五八）九月三日、十八歳で三代藩主となってからも、綱宗の行状は改まらなかった。そこで、伊達家の親族大名と奉行衆は、綱宗の隠居と二歳の亀千代の相続を幕府に願い出た。

綱宗は正室を迎えていなかったが、三沢初子という側妾がいて、亀千代は初子が産んだ長男である。三沢初子は歌舞伎「伽羅先代萩」の烈女政岡のモデルとされるが、「伽羅先代萩」は伊達騒動の百年以上も後に初演された自由な創作で、初子が政岡のモデルとはいえない。

家督を継いでわずか二年後、伊達綱宗は幕府に隠居を命じられ、同時に亀千代の相続も認められた。亀千代の大叔父の伊達兵部宗勝、伯父の田村右京大夫宗良が後見役になり、それぞれ伊達家六十二万石から三万石を分封された。

綱宗は品川の大井下屋敷に隠棲した。品川区立品川歴史館に洋犬の骨を復元したものが展示されている。大井下屋敷の外堀に埋葬されていた西洋犬で、「シェパードよりやや大型、成犬にもかかわら

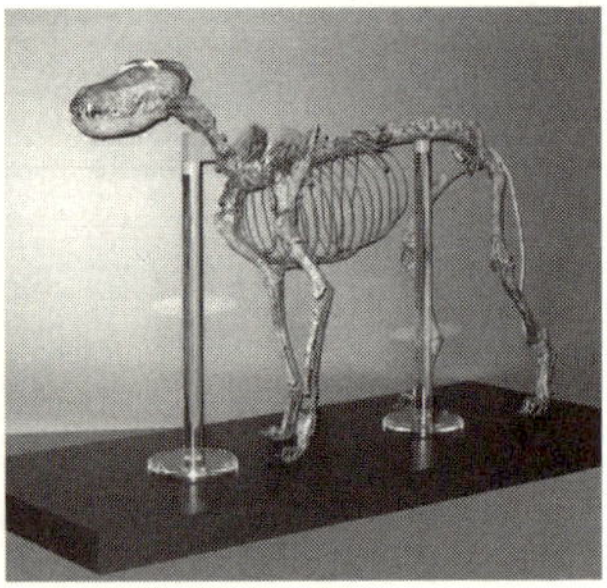
復元された洋犬の骨

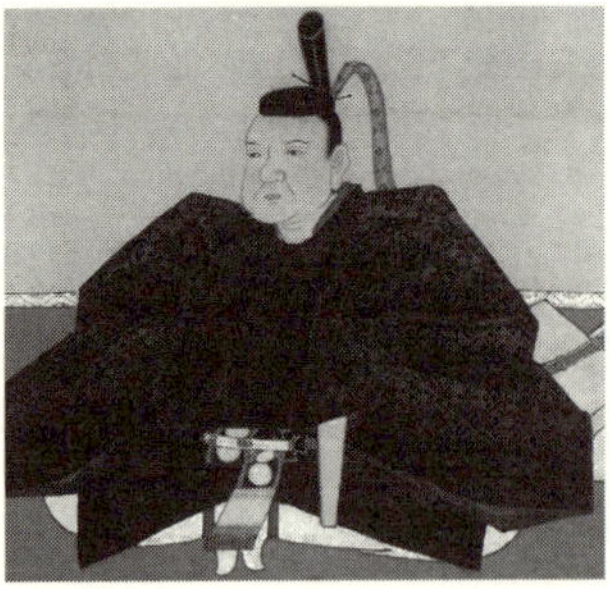
綱宗肖像画

ず歯が減っていないので、特別の柔らかい食べ物を与えられ、大切に飼われていたと思われる」と説明され、綱宗のペットと推定されている。

隠居から二十三年後、綱宗は四代藩主綱村（亀千代）と大井下屋敷で再会した。以後、父子は手紙を頻繁に交わし、綱村はしばしば下屋敷を訪ねる。綱宗は能を好み、綱村を招いて能を催した。綱宗は書画、蒔絵、刀剣などにすぐれた作品を残している。茶道にも造詣が深く、茶杓や茶入れ袋を作って綱村に贈った。

綱宗は嘉心と号し、得意の書画に自戒の意味を込めて「知過必改」の印を用いた。しかし、過ちを知って必ず改めるどころか、過ちを繰り返した。綱宗が奥女中に無法なことをし、これを聞き及んだ水戸藩の徳川光圀が、「行状が改まらなければ、伊達家の存続も危うい」と手紙で諌めた。

綱宗はこの手紙を、筆跡が違うといって信じなかった。綱宗は「水戸の黄門から偽手紙が届いた。調べてみよ」と綱村に命じ、綱村は水戸の御老公に、おそるおそる事情を問い合わせた。「あの手紙は、右腕が痛いので中村新八という信頼できる者に書かせたのです」と、黄門様は痛む右手で返事を書いた。

仙台市の政宗の霊廟瑞鳳殿、忠宗の感仙殿、綱宗の善應殿は、昭和二十年（一九四五）七月十日の空襲で焼失した。昭和四十九年に跡地が発掘され、地下の石室に埋葬されていた政宗、忠宗、綱宗の遺骨が調査され、報告書にまとめられた。

整形外科医の室捷之《としゆき》氏は、報告書の遺骨写真を観察した結果、綱宗を突発性脊柱側彎症と診断し、十歳頃までに発症し、元服頃に急速に進行したと推定した。突発性脊柱側彎症は上半身が彎曲し、心肺機能が弱く、乗馬や武術などの激しい運動には耐えられない。この宿痾が綱宗の大酒や乱行の原因ではないか、とする室捷之氏の新説は新聞にも取り上げられた。

晩年の綱宗の肖像画は上体をやや右に傾け、足を崩して座っている。綱宗が脊柱側彎症であったとすれば、この謎めいた人物の、また別の顔が見えてくる。

晩年の綱宗

仙台不美人説

名古屋、水戸とならんで仙台は「日本三大不美人産地」といわれる。仙台の場合、その由来は綱宗の遊郭通いである。

藩主となった綱宗は名香伽羅を焚きしめ、インド渡来の伽羅で作らせた下駄を履いて遊郭吉原に通ううち、三浦屋の太夫《たゆう》高尾を見初めた。太夫は最高位の遊女で、容姿だけでなく、技芸に優れ、大名

錦絵「高尾太夫」

と自在に会話ができる教養があった。

綱宗は大金を払って高尾太夫を身請けしたが、高尾は心を開かない。可愛さ余って憎さ百倍、綱宗は高尾を大川（隅田川）の船遊びに誘い、逆さに吊るし、鮟鱇《あんこう》の吊るし切りのようにして殺した。

高尾太夫惨殺は根も葉もない話である。しかし、綱宗が強制隠居されると、江戸では高尾惨殺がまことしやかに噂された。「高尾太夫の祟りで仙台から美人がいなくなった」という伝説が、のちに仙台で生まれた。

高尾太夫惨殺の噂が仙台に伝わり、城下の美しい娘は殿様に見初められないうちに遠くへ嫁がされ、仙台から美人がいなくなった、という伝承もある。

伊達騒動

幼君亀千代を藩主とする伊達家は内紛が続いた。亀千代の後見人伊達兵部が奉行の原田甲斐と結び、藩政を専横したので、反兵部派の伊達安芸宗重が兵部の秕政を幕府に訴え、大老酒井雅楽頭《うたのかみ》忠清邸で原田甲斐と対決した。

審理の途中、甲斐は「汝《われ》ゆえに（お前のせいだ）」と叫んで安芸を斬り、同席していた反兵部派の柴田外記にも斬りつけた。外記は甲斐を斬ったが、敵味方もわからない酒井家の家臣に斬られた。外記は「御大老の屋敷で死ぬわけにはいかない」と家臣に命じ、宇和島藩邸に向かったが、途中で絶命した。酒井忠清邸の現在地は千代田区大手町の三井物産ビルあたり、当時の宇和島藩上屋敷は八重洲あたりである。

寛文十一年（一六七一）四月、綱村（亀千代）は江戸城に呼び出され、「若年ゆえ所領は安堵するが、向後は後見を廃し、何事も親戚の伊達宗利、立花鑑虎《あきとら》（柳川三代藩主）に相談すること」と命じられた。後見役の田村宗良は閉門、伊達兵部は土佐山内家に配流、兵部の嫡男宗興は豊前小倉藩小笠原家にお預けとなった。

原田甲斐の四人の男子は切腹。男子の一人が、『飯坂盛衰記』の飯坂輔俊で、飯坂家は断絶した。甲斐の嫡男帯刀の子二人は斬首、妻は岩出山藩にお預け、母は絶食して自殺、甲斐の姉も自殺した。原田屋敷は取り壊され、底地を二尺まで掘り下げ、土は廃棄された。

兵部側近の渡辺金兵衛は吉田伊達家にお預けとなったが、絶食して南八丁堀の吉田藩邸で餓死した。渡辺金兵衛の配下の横山弥次右衛門と今村善太夫は宇和島藩お預けとなり、今村善太夫は元禄四年（一六九一）に宇和島で死んだ。横山弥次右衛門は元禄六年に赦免となり、七十一歳の高齢で仙台に帰った。

伊達宗興の妻（姉小路大納言公量《きんかず》の長女、酒井忠清の養女）と、幼い三

四人の墓

人の男子は伊達宗純が幕府に嘆願して吉田に預かった。兵部への報恩である。夫人は十年後に病没、三人の男子は元禄三年四月に赦免されたが、吉田にとどまった。吉田町の玉鳳山大乗寺（吉田伊達家菩提寺）に四人の墓がある。

妖婦を使って御家乗っ取り

吉田藩祖伊達宗純はリストラばかりしていたわけではない。『土芥寇讎記』には、「渡り侍や新参者を召し抱えているので仕置（政務）もよろしくない」とある。

吉田領深田村に文庵という医者がいた。土佐牢人で、医術の心得があり、浪々するうち、深田村に医院を開業した。延宝二年（一六七四）、藩医も匙を投げた宗純の病気を平癒させ、藩医に召し抱えられた。文庵こと山田仲左衛門は渡り侍、新参者である。

あるとき、武者修行の剣客が吉田にやってきて、御前試合がおこなわれた。腕に覚えの吉田藩士は次々と敗れ、宗純はしだいに不機嫌になる。「では拙者がお相手を」と山田が一撃で剣客を倒した。山田は武芸の達人であった。山田は剣術指南役になり、六年後には五百石の筆頭家老にのぼりつめた。

貞享二年（一六八五）九月、宗純の正室松姫（出羽国庄内藩の初代藩主酒井忠勝の娘）が卒去すると、山田は「御鬱散じ」と称して大酒をすすめ、素性も知れぬ妖婦をあてがった。宗純を酒と美女で骨抜きにしようとしたのである。山田が御家乗っ取りを企んでいるという噂が家中にひろまり、御小人組

（下級藩士）の八人が暗殺を企てた。未然に発覚し、八人は切腹した。

命拾いした山田は江戸藩邸に移ったが、吉田藩の重臣が山田を断罪するため仙台藩に訴えた。貞享三年六月、江戸芝浜の仙台藩邸で裁判があり、甲斐元繁ら重臣四人と山田仲左衛門が対決した。月番奉行柴田内蔵《くら》（伊達騒動で闘死した柴田外記の嫡男）が審問にあたったが、山田は得意の弁舌で言い逃れを続けた。このままでは山田は不問になると焦った甲斐元繁は、脇差を抜いて山田に斬りつけた。山田は武芸の達人、殺害は未遂に終わり、元繁は乱心とされ、吉田藩邸に護送された。

山田仲左衛門は仙台藩に終身幽閉、男子二人と親族二名は宇和島藩にお預け、山田派の家臣も処分された。甲斐元繁は知行五百石を没収、扶持二十五人分を与えられ、三間郷黒井地村に閑居した。

山田騒動の後、仙台藩主伊達綱村から宇和島藩主伊達宗利に、「宗純の行状を監視するよう」との申し入れがあり、宗利は吉田藩重臣に「油断なく宗純を諌めるように」と命じた。二年後、元禄四年（一六九一）七月二十一日、宗純は吉田藩重臣による強制隠居によって、二男九十郎（長男は早生）に家督を譲り、白金の下屋敷に隠棲した。

甲斐元繁

忠臣蔵に名を残す

吉田二代藩主伊達宗保（九十郎）は、元禄六年（一六九三）二月六日、一関藩主田村右京大夫建顕《たてあき》の長女熊姫と結婚。まもなく病臥し、急遽、宇和島の伊達宗職の子金之助十一歳が養子に迎えられた。十一月二日、宗保が死去すると、熊姫は実家田村家に戻った。金之助は江戸入りし、三代藩主伊達左京亮《さきょうのすけ》宗春となった。

伊達宗春は忠臣蔵（元禄赤穂事件）にその名を残している。元禄十四年（一七〇一）二月四日、浅野長矩は勅使（天皇の使者）の、伊達宗春は院使（上皇の使者）の御馳走役（饗応役）を命じられた。指南役は高家肝煎の吉良上野介義央《よしひさ》。浅野は二回目、伊達は初めてのお役目である。

三月十四日、江戸城松之大廊下で、浅野が「遺恨覚えたか！」と叫んで吉良に斬りつけた。居合わせた梶川与惣兵衛《よそひょうえ》が浅野に組み付いて制止し、十九歳の伊達宗春も浅野を制止した。浅野は田村建顕にお預けとなり、夕刻、田村邸で切腹。吉良にお咎めはなかった。

伊達宗春は、賄賂で吉良上野介の機嫌を取り結んだ人物とされる。指南役の吉良に束脩（授業料）を贈るのは当然の行為で、高額な贈物をしたとしても非難されるにはあたらない。伝えられるように、浅野が不当に廉い謝礼で済ませ、それで吉良に憎まれたのであれば、自業自得というほかない。

「播州赤穂の浅野というしみったれた殿様が、吉良さんという殿様に嫌われ、こともあろうにお城で吉良さんに斬りつけ、公方様（将軍綱吉）のお怒りにふれ、その日のうちに切腹、浅野家は取り潰しになったそうだ」

という、それだけの話である。一年九カ月後、赤穂浪人が吉良邸に討ち入って上野介の首を取るという大事件を起こさなければ、それだけの話であった。討ち入りは義挙・快挙とされ、討ち入り浪人は義士ともてはやされた。以来、浅野長矩は吉良の賄賂要求をはねつけた潔癖な殿様、伊達宗春は賄賂で吉良の歓心を買った殿様とされる。

伊達宗春（のち若狭守成任、和泉守村豊）は於小奈の孫である。於小奈は宇和島二代藩主伊達宗利の母、吉田三代藩主伊達村豊の祖母ということになる。

稲姫は賢夫人

菊池寛の出世作『忠直卿行状記』の主人公松平忠直は、徳川家康の二男結城秀康（越前六十八万石藩主、松平と改姓）の長男である。

松平忠直は十三歳で越前藩を継ぎ、大坂夏の陣では真田軍を撃破する戦功をあげた。戦後、恩賞の不満から乱行や将軍家への不作法が目立つようになり、豊後国府内藩（大分市）に配流された。嫡男松平光長が越前六十八万石を襲封するが、やがて光長は越後高田藩二十六万石に転封となった。

宇和島城天守　藤堂高虎の築いた天守を廃棄し、宗利が創建した

高田藩主松平光長の娘稲姫は寛永十七年（一六四〇）、江戸の麹町屋敷で生まれた。十八歳のとき、伊達宗利と結婚。二十三年後、実家の松平家は改易（越後騒動）となり、伊達宗利は高田藩廃絶の事後処理にあたった。

宗利の長兄宗實の事績は知られていないが、宇和島伊達家の名宝「源氏物語豆本」を残している。源氏物語五十四

源氏物語豆本

帖を豆本に筆写したものである。黒漆蒔絵の箱に納められ、紙面は約四センチ角、文字は拡大鏡でようやく判読できる程度。極小のかな文字で丁寧に書かれている。用いられた筆の毛は、かつて琵琶湖周辺の一定地域にのみ生息していた鼠のヒゲという。文字数およそ百万字、気の遠くなるような作業にただ感嘆するほかない。

宗實は三十一歳で亡くなり、筆写作業は途絶したが、稲姫が引き継いで完成させた。稲姫は祖父忠直の血は引かなかったようで、賢夫人であった。

ある家老の日記

寛永十一年（一六三四）、江戸に生まれた伊達宗臣《むねしげ》は秀宗の側室（山上氏の娘）の子で、六歳のときに家老桑折《こおり》宗頼《むねより》の養子となり、宇和島に移った。二代藩主宗利は同年齢の異母兄である。宗臣は十八歳で桑折家当主となり、城代家老（国家老）として秀宗、宗時、宗利に仕えた。

三十歳のとき、城下郊外の渓谷に庵「青松軒」を結び、和歌や連歌、俳諧など文芸三昧の生活を送る。桑折宗臣が編んだ句集「大海集」は俳句の万葉集ともいわれ、自選した五〇二五句を収録、作者数は八三二人、国数は三九カ国。宗臣は武士階級だけでなく、座頭（盲人）、女性、子供の句まで収

録している。子供の句に、

花がめの口紅がさす赤つつじ（桑折宗臣の子梅松丸　六歳）
草花は胡蝶の遊び道具かな（小波氏の子友弥丸　六歳）
手まり花やおさなき人の手向け草（伊藤氏の子花子　十二歳。妹への追善句）

などがあり、なんとも可愛らしい。

桑折宗臣は日記を残している。寛文年間と延宝年間に書かれたので、「文宝日記」とよばれ、大名家の国家老の日常生活・家庭生活が綴られている。

その内容は、大坂と江戸での歌舞伎・狂言・人形芝居見物、宇和島での連歌興行、鹿狩り、石風呂入湯、潮干狩り、舟遊び、鰻採り、鮒釣り、筍掘り、馬の瀉血、妻の出産、大雨被災、三人の子の疱《ほう》瘡《そう》罹患、娘の婚礼など、実に多彩である。宗臣は家族を連れて行楽、寺社参詣、祭礼見物などにも出かけている。家族は老母、妻、娘のおいぬとお通、梅松丸。親戚や連歌仲間が加わることもあった。

寛文九年（一六六九）二月十四日、三歳の梅松丸が発熱した。翌日、「梅松、疱瘡と相見へ少しつゝほろせするなり」と宗臣は記している。「ほろせ」は発疹・膿疱のことである。十六日においぬ、二十五日にお通も発病し、必死の看病、呪《まじない》、祈禱が続いた。

二月二十八日、「梅松に酒湯《ささゆ》かけるなり」とある。酒湯は米のとぎ汁に酒を加えたもので、ほろせが枯れた痘痂《かさぶた》にかけ、痘痂を剝ぎ取る。酒湯をかければ、ほぼ完治である。三月七日、お通に酒湯をかける。お通は軽症で済んだ。十八日、おいぬに酒湯をかける。おいぬは一カ月余り病臥した。全快を祝って諸方から祝儀が届き、使用人からも酒樽、生鯛などが届いた。

延宝八年（一六八〇）の日記には、お通の結婚に関する記述が多い。お通は新婚一カ月で体調が悪くなり、城下の妙長山法円寺で祈禱を受けたが、効果がない。実家で養生させ、宗臣は山伏六人を招き、夕刻から山伏は観音経をあげた。お通には女の生霊が取り憑いているという。祈禱が夜を徹しておこなわれ、翌朝、病魔は退散した。

真田家に嫁いだあんず姫

二代藩主伊達宗利の男子七人は一人も無事に育たず、これも山家清兵衛の祟りとされた。仙台四代藩主伊達綱村（亀千代）が宗利に宛てた書状がある。

「かねて承っていますが、秀宗公が山家清兵衛と申す者を御成敗なさってから、怨霊が悪いことをやっているとか。その後、お祀りして少しはよくなったそうですが、御誕生の男子に仕合せがない（相次ぐ夭折）のも、怨霊の祟りだとすれば、困ったことです。瑞聖寺《ずいしょう》（白金の黄檗宗《おうばくしゅう》寺院）に参詣する予定なので、鉄牛和尚に祈禱をしてもらいます。この件は他言無用に。清兵衛や怨霊のことは、できるだけ御自筆でお寄せください。くれぐれもご内密に」

山家事件が秀宗による上意討ちであったことを証明する史料で、山家清兵衛の怨霊がいかに恐れられていたかを物語る史料でもある。

稲姫が産んだ長女の豊姫と二女の三保姫は無事に成人した。豊姫は万治二年（一六六〇）十二月、江戸上屋敷で生まれ、十三歳のとき、十万石松代藩真田家の三代藩主真田幸道に輿入れした。幸道は豊姫の三歳年上。真田家は武勇で鳴る家で、幸道は幼い頃から武芸に励んだ。藩主在任期間も長く、松代藩の基礎固めをした。享保十二年（一七二七）、江戸において七十歳で没し、六年後、豊姫は七十三歳で亡くなった。

長野県千曲《ちくま》市はあんずで有名で、四月にはあんずの花が里山を薄紅色に染める。あんず祭りが開催され、若い女性が扮するあんず姫や、最近では千曲市のキャラクター「あん姫」が登場する。あんず姫は豊姫である。

松代の伝承では、あんずのふる里宇和島からはるばる信州松代に嫁入りした豊姫が寂しい思いをしないよう、御殿の周囲にあんずを植え、故郷宇和島のようなあんずの里にしたという。あり得ない話である。豊姫は麻布の伊達家上屋敷に生まれ、桜田の真田家上屋敷に嫁いだのであるから、宇和島も知らないし、松代も知らない。

豊姫は輿入れの際、あんずの種を持参して真田藩邸の庭に植えた。あんずは殖え、松代でも栽培された。松代藩はあんず栽培を奨励し、幕末になると杏仁（去痰鎮咳剤）を専売化している。

松代真田家と宇和島伊達家の関係は、豊姫だけではない。松代藩最後の藩主十代真田幸民《ゆきもと》は、宇和島八代藩主伊達宗城《むねなり》の長男で、真田九代藩主真田幸教《ゆきのり》の養嗣子に迎えられた。慶応二年（一八六六）、十七歳の幸民は藩主就任と同時に幕府から京都警固を命じられた。戊辰戦争では官軍として飯山、越後、会津に出兵、その戦功によって賞典禄三万石を賜った。

婿殿は大男

豊姫を真田家に嫁がせた宗利は、二女三保姫に婿を迎える。伊達綱宗と三沢初子の三男宗贇《むねよし》で、亀千代（綱村）の次々弟である。元禄六年（一六九三）十一月十四日、伊達宗贇は宇和島藩を襲封し、綱宗の血筋が宇和島伊達家に伝わる。

宗贇所用甲冑

綱宗は身長一五六・二センチ、霊廟「善應殿」の発掘調査で、遺骨から計測した数値である。宗贇は綱宗の子としては非常に体格がよく、身長は一八〇センチ以上、宗贇の甲冑（具足）が伊達家に伝来するが、胴回りは一四〇センチを超える。

稲姫が宇和島に向かう宗贇に送った書状がある。道中を案じて書き送った書状で、稲姫は宗贇のことを「器量骨柄のめでたきとて人々にほめられ」「高き山、深き海とも頼む人」と書いている。娘三保姫の婿殿を、稲姫は頼りにしているのである。遠い宇和島に赴く宗贇を思いやって詠んだ和歌も添えられ、丸薬の入った薬包紙が五包、同封されている。稲姫は藩邸に近い麻布桜田町の乗泉寺（日蓮宗）を訪ね、宗贇の道中安全の護符と丸薬を貰ったようである。

宗利は宇和島藩を十万石に戻すことを宿願とした。宗贇は宗利の意を受け、収穫のない荒田まで加えて十万石に修正し、元禄九年七月四日、幕府に十万石に直すことを許された。「元禄の高直し」といわれ、宗贇の功績とされる。

元禄十年十一月、三保姫が待望の長男宗相《むねすけ》を産んだ。三保姫は産後まもなく二十一歳で病没した。宗相は次期四代藩主として祖母稲姫に育てられる。

宝永五年（一七〇八）十月二十一日、吉田で隠居生活を送っていた伊達宗純が七十歳で没し、その二カ月後、宗利が宇和島で没した。宗利の死の十三日後、宗相が十二歳で早世した。宇和島伊達家は初代秀宗の血筋が絶える。夫と孫を続けて亡くした稲姫は落胆傷心し、後を追うように病没した。享年六十八歳。

丸薬の包み紙

黄門様、宇和島へ

水戸藩主徳川光圀は、「水戸黄門」として有名である。光圀の官位は権中納言で、中納言の別名が黄門である。将軍綱吉は「水戸の黄門が」などと口にしたかもしれない。

以下、ＴＢＳのテレビドラマ「水戸黄門」の話である。

黄門様は助さん、格さん、うっかり八兵衛などをお供に諸国を漫遊する。

諸国では悪家老が御家乗っ取りを企んでいたり、悪代官が豪商と癒着して庶民を苦しめている。黄門様一行はこれを解決し、悪人をこらしめる。藩主は参勤して不在の場合が多いが、在国していると、黄門様にやんわりとお灸を据えられる。

超長寿番組（昭和四十四年（一九六九）～平成二十三年（二〇一一）、全一二二七話）であったから、黄門様は宇和島に何度も来ている。あるときは紙問屋と家老が結託し、お城下は深刻な紙不足。黄門様が懐紙で洟《はな》をかむと、「紙を粗末にするな」と老人に叱られる。あるときは悪家老と御用商人が良識派の城代家老の命を狙っている。あるときは浜の利権をめぐって網元と郡奉行がぐるになって悪さをしている。

またあるときは、松姫というお姫様が男装し、女剣士楓《かえで》を連れてお城下で腹違いの姉を探している。凛々しい松姫様、宇和島にいるということは、側室の娘である。

光圀は元禄三年に隠居しているから、仮に諸国漫遊に出たとして、死ぬまでの十年間である。この間、宇和島藩主は二代宗利と三代宗贇。宗利の娘豊姫と三保姫は江戸生まれ江戸育ち。宗贇の娘八人は四歳までに夭折している。ということは、松姫は記録に残されなかった宗贇の娘か……などと考証するのは野暮というもの。

昭和天皇もお気に入りだった「水戸黄門」、今となっては得難い番組だった。

殿様、帰国途中に急死

宝永八年（一七一一）二月十八日、三代藩主宗贇が四十六歳で死ぬと、三男の村年がわずか六歳で四代藩主となった。この頃、大井屋敷の伊達綱宗は存命であったが、宗贇死去の報に接して意気消沈し、食が進まなくなり、六月四日、七十二歳で病没した。

四代村年の母は宗贇の側室中里氏の娘。巨漢の宗贇の実子でありながら、村年は小兵短軀。村年所用の甲冑が残っているが、歴代藩主の甲冑の中で最も小さく、父宗贇の半分程度にしか見えない。

村年は藩主就任後、江戸に十年間過ごし、享保六年（一七二一）、初めて宇和島に帰国した。享保九年三月九日、十九歳の村年は仙台五代藩主伊達吉村の娘富姫と結婚した。富姫は五歳年下である。

大名家の婚礼は、嫁に出す側も物入りだが、迎える側の出費も相当なものである。しかも、宇和島は大旱魃に見舞われ、深刻な財政難に陥っていた。この年の交代（帰国）は、「旅費調達の見込みが立たなかったが、最近、ようやく京坂の鴻池、天王寺屋、越後屋から借金することができた」という状態であった。

村年所用甲冑

村年は参勤を何度も欠勤している。参勤は領国の飢饉、城の被災、藩主の病気などで免除（用捨《ようしゃ》）されたが、村年の欠勤理由は宇和島の飢饉である。享保十三年から毎年、風水害が続き、享保十七年は台風が三度襲来し、八月の蝗《いなご》による被害は甚大であった。

享保十八年八月、家老桜田監物は上級家臣を招集し、「財政破綻のため、半知借上《はんちかりあげ》（家臣の禄の半減）をする」と伝えた。江戸の村年の言葉も伝えられた。「幼くして家督を継ぎ、政務も家臣にまかせてきたが、向後はいっそう倹約につとめ、財政に人材を登用し、経理を厳正化する」

村年の藩政改革が始まったが、享保二十年、宇和島に帰国途中、五月二十一日、播州加古川で腹痛と発熱を発症し、二十八日に卒去した。江戸の長男村房（のち村候）と懐妊中の富姫を案じながら、三十歳の無念の死であった。

富姫肖像画　原画は散逸

名君村候と護姫

村年と富姫の長男が伊達村候《むらとき》である。村年の急死により、十歳で五代藩主となったが、富姫の教導を得て英明に育った。藩主在任期間六十年は歴代最長で、農業制度の改革、専売制度導入、風俗・風紀の矯正、奢侈《しゃし》の禁止、忠孝・学問・武芸の奨励、藩校の創設など、藩政を大改革した。村候は熊本六代藩主細川重賢《しげかた》とならんで天下の二賢侯と称えられた。

南町奉行を務めた幕臣根岸鎮衛《やすもり》の書いた『耳嚢《みみぶくろ》』は、風評・伝聞を集めたお江戸のコラム集で、村候が登場する。

「伊達遠江守（村候）はたいへん面白い人だ。若くして坊主になりたいと願ったが、なれるはずもないので、鏡に向かって坊主に見えさえすれば気が済む、と鬢を剃り上げ、大奴のような髪型をしていた」

「諸侯のもとで能が催され、三番目のワキは宝生新之丞という老人だった。中入りに間《あい》狂言があり、しばらく語りなどもあって、新之丞はいかにも手持ち無沙汰に見えた。遠江守は銚子と大盃を手にして舞台に歩み寄ると、さぞや退屈であろう、まあ一杯やれ、と新之丞に大盃一杯を飲ませた」

村候には逸話が多い。あるとき、村候が騎射（馬上から的に矢を射る武芸）をしていると、どこからかやってきた白犬が的の下にちょこんとすわった。家臣たちは、時ならぬ犬追物《いぬおうもの》と興奮した。犬追物とは柵の中に集めた犬を馬上から射る武芸である。犬を射るかと見えた村候は、隣の的に矢を命中させ、「矢があたってはさぞ苦しいだろうし、無益のことと思い、とっさに射るのをやめた」と家臣に語った。

御野始の村候肖像

村候の事績の一つに「本末の争い」がある。宇和島藩は三代藩主宗賛を仙台藩から迎え、四代村年の夫人富姫も仙台藩から迎えた。また、四代村年と五代村候は幼くして藩主になったので、仙台六代藩主宗村が後見人となった。これらによって、仙台藩は宇和島藩を分家扱いするようになり、宇和島藩も仙台藩に対して遠慮がちになった。

村候は宗村からの書状が「伊達遠江守様」ではなく「伊達遠江守殿」であることや、面会時の会釈（挨拶）が分家同様の扱いであることに憤慨し、仙台伊達家の神経を逆撫でするさまざまな挑発行為《パフォーマンス》を始めた。

○仙台伊達家由来の村候という名前を政徳と改名。

○伊達宗村への書状宛名を「様」から「殿」に格下げ。

○幕府御用の工事現場に、仙台藩同様に「日の丸」の提灯を掲げる。

○藩邸の提灯の紋を「九曜」から「竹に雀」に格上げ。

○「殿様」という尊称を仙台風に「屋形様」と改める。

○仙台伊達家と不通（絶交）の状態にある岡山藩池田家と両敬（親戚同様に交際する）の関係を結ぶ。

というような調子である。

寛延元年（一七四八）から翌年にかけての出来事で、村候は二十四歳、宗村は四十一歳である。智勇兼備を謳われる宗村は、「宇和島がなにかと僭越である」と幕府老中堀田正亮《まさすけ》に訴えた。堀田に事情を訊ねられた村候は、「宇和島伊達家は将軍家から十万石を与えられて成立したのですから、仙台の分家ではない。現在の分家扱いは初代や二代の頃には無かったもので、このままではご先祖に申し訳が立ちません」と答えた。

堀田正亮は宇和島伊達家を末家・分家ではなく「別家」とすることで調停をはかった。宗村は不服だったが、やむなく同意した。村候としては、してやったりである。

本末の争いののち、寛延三年十二月七日、村候の婚礼があった。相手は佐賀鍋島家の多根姫（種姫）

である。佐賀藩は三十六万石の外様大藩であるが、十万石の宇和島藩は国持大名格で、江戸城での席次（殿席）は大広間詰、家格は佐賀藩とあまり変わらない。

結納はもっと早く、延享三年（一七四六）に取り交わされている。村候は二十二歳、種姫は数え十三歳。婚礼まで四年近くも経っているが、

「わずか十万石の宇和島様なんかにお嫁入りするのはいや」

と種姫が駄々をこねたわけではない。四年の婚約期間は、種姫の成長を待ったと考えられるが、「本末の争い」も関係していたかもしれない。

婚礼前に嫁入り道具を届ける「御道具送り」という儀礼があり、十一月二十六日から三十日、十二月四日から六日、計八日間を要している。嫁入り道具は俗に「簞笥、長持」というが、簞笥は二十二間、長持は一五五棹。大量の道具送りは大行列でおこなわれた。道具送り初日の十一月二十六日、鍋島家の家臣に二汁五菜の料理が供されている。

御菓子	有平糖・御所煎餅
なます	鯛・黒くらげ・栗・生姜・金柑
坪	焼白魚・糸麩・葛引き・おろし柚子
御汁	かき丸め・芥子葉・かし芋・芽独活
香の物	奈良漬・守口漬・塩山椒
煮物	巻きはんぺん・串子（干鮑）・焼き慈姑・溜り味噌

浸し物	塩鮭・塩貝・山川酒
御汁	巻き簾・防風・柚子
小鯛焼物	
蒲鉾	
吸い物	甲海老・小みる貝・輪蜜柑
取肴	焼き鰹・巻き玉子・焼き海苔
坪	しんじょ・かいわり菜・糸柚子
浸し物	水栗・菊菜・より鰹
茶菓子	求肥・山芋・黒慈姑
御菓子	あわせ柿胡桃入り
水菓子	蜜柑

これで二汁五菜というが、豪華なものであったということだけは想像できる。

婚礼当日は大行列を仕立て、佐賀藩上屋敷（千代田区日比谷公園あたり）から宇和島藩上屋敷（港区六本木国立新美術館あたり）までゆるゆると進んだ。行列の中には姫様付きの老女梅岡、鹿嶋、春竹、中老吉岡、清瀬、瀧津など二十六名の奥女中がいた。

婚礼に招待客があったのは現代と同じで、佐賀六代藩主鍋島宗教、仙台六代藩主伊達宗村、一関藩主田村右京大夫、老中酒井雅楽頭など十五名である。

輿入れ後、多根姫（種姫）は護《もり》姫と改名した。護姫には和歌集『玉台院様御自詠』があるが、和歌は村候が添削した。村候は楽山と号して詩歌をよくし、歌集、漢詩集がある。また、鼓や龍笛の名手で、護姫に聴かせたであろう。護姫が産んだ四男兵五郎がめでたく六代藩主伊達村壽《むらなが》になるから、理想的な夫婦である。護姫は村候に先立つこと五年、寛政（一七八九）元年閏六月に五十五歳で亡くなった。

村候肖像画

種姫肖像画

村候は山家清兵衛を忠臣として崇敬し、それまでの崇り神から救世護国の神に改めた。新たに広壮な和霊神社を建て、住民総参加の盛大な祭りを始めた。以後、和霊信仰は西日本各地に広まり、和霊神社の分社・末社は一五〇以上ある。坂本龍馬の実家の屋敷神も和霊神社で、龍馬は脱藩するとき、神社（高知市神田）に詣で、祖霊と別れの酒を酌み交わした。

村候は六十年間の藩主在任中、参勤を一回も欠勤していない。また、幕府から命じられる公役にも精励した。その甲斐あってか、遠江守から左近衛権少将《さこんえのごんのしょうしょう》に昇進している。天明年間は飢饉が全国に多発し、宇和島・吉田両藩でも逃散、一揆、餓死があった。天明の大飢饉には名君村候も万策尽き果て、寛政六年九月十四日、六十九歳で病没した。

ある側室の一生

五代村候には田中重（後にかよ、外山）という側室がいた。

田中家の初代田中儀兵衛は三十歳のとき、二代宗利に仕えた。扶持三人分の下級藩士である。三代宗贇のときに奥之間祐筆格となり、四代村年のときには百石を与えられた。

田中家の二代安兵衛の娘重は、享保十三年（一七二八）六月二十九日、江戸に生まれ、村候の同母妹の幾姫の側女中として仕えた。幾姫が大和郡山藩の二代藩主柳沢信鴻《のぶとき》（綱吉の側用人柳沢吉保の孫）に嫁すと、十三歳の重は幾姫に従って柳沢家の江戸屋敷に移った。

寛保三年（一七四四）、幾姫の死去によって田中重は宿下がりし、仙台五代藩主伊達吉村の娘常姫に仕えた。三年後、常姫が死去し、退職金三〇両と長持二棹分の品々を与えられて宿下りした。

寛延元年（一七四八）、二十歳のとき、二十二歳の村候に仕え、中老格となり、かよと名を改める。二年後、かよは若年寄格に昇進し、田中家は百石を加増され、二百石の上級藩士となった。

寛延三年十二月十九日、かよは田中安兵衛一家および藩医松本益庵一家とともに宇和島に移住する。かよは村候の子を懐妊中で、益庵が宇和島への同行を命じられた。宇和島に到着する十二日前、江戸で村候が護姫との婚礼をあげている。

かよは二十三歳で村候の第一子藤を出産、二十七歳で栄を、二十九歳で徳輝、三十三歳で直清、三十五歳で徳元、三十七歳で寛（寛姫）、三十九歳で九十郎、四十一歳で藤三郎を産んでいる。長男徳輝を産んだあとは、上老格となり、外山と名乗った。

安永三年（一七七四）、四十七歳のとき、外山（かよ）に神尾近江、桜田監物、桜田数馬ら重臣の屋敷訪問、神社仏閣参詣、釣り、祭礼見物の許可が出た。外出自由の身となったのもつかのま、翌年の夏、かよは病気になった。

村候が見舞いをし、江戸の護姫と御曹司様村壽から「御尋（見舞い）」があり、笠間藩牧野家に嫁していた寛姫も病気平癒の祈禱をした。九月九日、四十七歳で病没。かよは御奥で死んだが、表向きは家臣田中家で死去したことになっている。側室には伊達家の家族とされる場合と、奥女中扱いがあり、かよは奥女中扱いであった。

なお、村候にはほかに二人の側室がいたが、産んだ子は伊達家に残し、持参金付で家臣に嫁している。家臣にとっては拝領妻である。

三浦家の「家内心得」

伊達家の家臣三浦家の七代義信は、先祖伝来の文書を編集した『世々の形見』（全六巻）を残している。第一巻に三浦家五代義陳《よしひさ》の書いた「江戸留守中家内心得之事」という文書が収録されている。

宝暦九年（一七五九）一月二十七日、三浦義陳は精勤ぶりを賞され、五十石を加増されて百五十石となった。翌年、九代家重から十代家治に将軍が代替わりしたので、八月、これに伴う事務手続きのために、義陳は江戸に派遣される。

義陳は家族全員、妻の幸、長男勝太夫、長女おふゆ、二女おるい、三女おはなに宛てて留守中の心得を書いた。三浦家文書研究会の井上淳氏（愛媛県歴史文化博物館学芸課長）の現代語訳がある。長いので家族全員宛てと長男宛ての部分は割愛し、読みやすいように表記を改めた。

妻幸へ

父上に昼夜よく仕えること。私の分まで仕えなさい。朝夕、ご機嫌よく過ごせるよう心を配り、勝太夫、おふゆ、おるい、おはなにもそのことを申し付けること。老人は短気で料簡が狭いが、背かぬよう心がけてほしい。しかし、世間体の悪いことをなされる場合はお諫めしなければならない。子供らも父上の話し相手になるよう心がけさせること。父上は食べる以外には何の楽しみもないのだから、食事には注意して、生魚を切らさないように。寒い時期は塩魚を準備しておくよう。

―父上というのは三浦義陳の父三浦義伯《よしのり》で、この心得が書かれた三年後、享年八十三歳で亡くなる。「世間体の悪いことをなされる場合は」とあるから、多少とも認知症が出ていたのかもしれない。刺身を切らさないこと、海の荒れる冬場は魚を塩蔵にして食べさせてほしい、と気を遣っている。

家内いずれも信心が第一。人は神仏の加護なくしては一日も立つことはできない。父上はじめ皆々が無病息災で、われわれが旅先で失敗がなく安全であるためには、日々の信心を怠ってはいけない。子供らへもよくよく言い聞かせること。

勝太夫ほか子供らが成長するよう養育することがいちばん大事。食べ物に気を配り、怪我がないように専念すること。子供が言いつけを守らないようであれば、私は宇和島に帰らなければならない。留守中は、あなたの言いつけが私の言いつけであることと自覚させるよう。

おふゆは縁談がまとまっているので、いっそう心がけが大切。姑に仕え、夫に仕え、子供を育て、家を切り盛りして子孫繁栄につなげるよう、朝夕、言い聞かせること。婚約中なので、人が集まるところへ出してはいけない。芝居見物なども無用。わがまま気ままにしないように。少し手間をかけて、手紙のやりとりも出来るようになってほしい。歌道も多少は心がけたほうがよい。

とかく男女とも、心ばえが素直で楽しくなくてはいけない。特に女性はそうである。じい殿（祖父義伯）とあなたによく仕え、二人の妹をよく可愛がり、気を配るよう指導しなさい。

おるいも手習いなどを心がけさせ、じい殿、兄や姉にもよく仕え、妹おはなをいたわるように指導しなさい。おはなも同様で、じい殿の話し相手になり、手習いにも励むよう申し付けなさい。第一に食べ過ぎないこと、傷んだものを食べないこと。

下女には昼夜ともよく働くよう申し聞かせること。下女は一人しかいないので、皆でいたわり、召し使うように。少しでもよい行いがあれば、褒めてやりなさい。また、心得違いがあればきつく叱り、改めさせるように。あの者は少し短気なところがあるので、短気を慎むように指導すること。

このたびは、私が留守の間に差し置くことになるので、仕事に実を入れ、万事まごころをもって勤めてほしいと願っている。それでも、心得違いがあれば、暇を出すように。留守中、心がけよく働いてくれれば満足である。このことをよく申し聞かせるように。男女を問わず、人は使いにくいものである。それをよくわきまえ、油断なく、よく気をひきしめ、召し使うようにしなさい。

なかなかよいことばかりとはいかないだろうが、よくなつくようにし、うまく叱り、ほどよく申し付けなければいけない。召し使いは家の中の目付と心得なさい。人の家の善悪は、たいてい召し使いから洩れて、人々に色々と嘲られるもの。そうなっては何とも悔しいことだ。

褒めすぎてもいけずになるし、腹が立つまま叱りつけてもいけずになる。下女は一人しかいないし、料簡がなくては続かないので、父上にもよくよく申し上げて、腹の立つことがあっても我慢していただくよう話しておいてほしい。

数々、言っておきたいことがあるが、忙しいのでざっと申し渡しておく。万事、心がけよく、使いこなすようにしなさい。甘やかしてもいけずになるし、叱りつけてもいけずになる。ほどよく使うのが第一と心がけるよう。老人や子供は、料簡もないことをせわしなくあれこれ言うことだろうが、いけないことはいけないとわきまえ、以上のように申し聞かせてほしい。

おふゆ・おるい・おはなへ

おふゆに言っておく。あなたは縁談がまとまっているので、何事につけそのことを心得ておくことが第一である。人が大勢集まるようなところへ行くことは無用。第一におじい様によく仕え、ご機嫌よく過ごせるようにしてもらいたい。なお、幸にもよく仕え、何事も一生懸命心がけるよう。縫い物と機織りは女の道である。人に劣らないよう、努力すること。じい殿と母によく仕え、兄を大切にし、二人の妹をよく可愛がること。火の用心にも気をつけ、何事も母に寄り添って家を整えていってほしい。手習いも忘れないように。

おるいに言っておく。じい殿によく仕えなさい。兄や姉を大切に思い、おはなをいたわり、怪我や過ちがないように注意し、手習いや女の仕事に励み、心立て素直に、じい殿の話し相手をするように。

おはなに言っておく。心がけてじい殿の話し相手になってほしい。じい殿、かか殿（母）、勝太夫、おふゆ、おるいによく従い、怪我や過ちのないようにしなさい。私の留守中、手習いをしなさい。みんなに世話を焼かせないよう、おとなしくすること。よい土産をそちらに送るつもりである。それから、生意気なことを言わないよう。時々、やいと（灸）を据えなさい。何よりも無事が第一である。

磯田道史氏がこの「心得」の一部を「江戸の単身赴任」と題して簡潔に紹介し、『江戸の備忘録』（文春文庫）に収録されている。

三浦家の食生活

三浦家は食に関心の高い家で、味噌、醤油、酢、大根の浅漬け三種、かすていら、浜名納豆（糸引き納豆とは異なる）の作り方、筍を柔らかく煮る方法などのレシピが残っている。

宇和島の郷土料理「さつま」は鯛を焼き、身の部分をほぐし取り、残った部分を煮て出汁《だし》を取る。鮮魚のない山間部では片口鰯の煮干で代用する。擂鉢の内側に麦味噌を厚く塗り広げ、火で焙って香ばしくする。その擂鉢に出汁とほぐした鯛の身を少しずつ加え、擂粉木ですりつぶし、濃い液状にする。糸こんにゃくを少量加えることもある。麦飯もしくは麦を加えた米飯にかけて食べる。小口切りにした万能葱、みじん切りにした蜜柑の皮を薬味にすると、見た目もきれいになり、味も倍加する。

さつまの語源は、汁がご飯の底までしみとおるよう箸でご飯を十字に切り、「丸に十の字」の薩摩藩島津家の家紋に似ているので、そう呼ばれるようになったという。漢字で「佐妻」と書くこともある。昭和二十五年（一九五〇）三月、愛媛県を巡幸された昭和天皇が宇和島の蔦屋旅館で食され、「佐妻」の字を宛ててはどうかとおっしゃったことに由来する。しかし、妻を佐《たす》けるために夫が作るには面倒な料理で、現在、さつまを家庭で作ることはまずない。

享保十九年（一七三四）七月五日の藩の記録では、月に一度開催されていた伊達家重臣の寄合の席の献立に「御冷汁《ひやじる》御麦飯」がある。現在の「さつま汁」に似たようなもので、盛夏だから汁は薄めにし、薄切りの茄子や瓜などを加え、さっぱりと食べたと思われる。いずれにしても、さつまは調理に手間がかかり、ご馳走であった。

三浦家の宇和島での食事は質素であったが、江戸勤番中は少し贅沢をした。三浦家七代義信の長男肇は江戸屋敷で弟直次郎とさつまを作る。豆腐を加えると「至極宜敷《しごくよろしく》」、汁を濃い目にして豆腐をたくさん入れるとさらに美味であった。著者は実際に試してみたが、あまり宜敷《よろし》いものではなかった。

三浦義信はほぼ月に一度、宇和島の妻くみに手紙を書いている。還暦をすぎた義信は江戸の寒さに閉口し、毎晩寝酒を飲んでいると記し、量は控えめにしていると言い訳をしている。

寒さには鶏、猪、カモシカの肉がよいというので義信は食べてみるが、すぐには効かない。御曹司様（七代宗紀）から、寒さには餅がよいと勧められ、餅を食べる。家臣が教えてくれた白牛酪がよく効いた。白牛酪は牛の乳を練った菓子のようなもので、酒のつまみによいと義信は記している。

結婚前に夫と同居した姫君

村候の長男徳輝は別に一家を立て、二男直清は幕臣山口家（三千石の旗本）の養嗣子となり、三男内蔵《くら》は早世、四男の兵五郎が御曹司様となり、六代藩主村壽《むらなが》となる。

村壽は宝暦十三年（一七六三）一月四日、江戸生まれ。安永五年（一七七六）、仙台七代藩主重村の娘順《むね》姫と婚約した。順姫は明和二年（一七六五）十月二十六日、仙台に生まれ、江戸で花嫁修業をしていた。婚約時は十一歳で、村壽の三歳年下である。

江戸の大名屋敷の火事は珍しくないが、天明四年（一七八四）十二月二十六日、仙台藩上屋敷（港区東新橋）が類焼し、十九歳の順姫は奥女中とともに宇和島藩邸に引っ越した。婚礼前に嫁ぎ先に居住するというのは珍しい。

翌年五月二十五日、村壽と順姫との婚礼があった。火事が原因と思われるが、婚礼道具は実家からの持参品では不足した。宇和島伊達家で乗物（駕籠）のほか、多くの婚礼調度品を誂えた。護姫が所用していた道具類も流用された。

これらの婚礼道具の多くは、七代藩主宗紀の娘正姫の結婚の際に用いられた。下世話にいうお下がりであるが、「御譲り」といい、これはそう珍しいことではない。

優しいお殿様

寛政五年（一七九三）二月、吉田藩に前例のない大規模な一揆があった。吉田藩の悪政に耐えかねた百姓武左衛門が、桁打ち（浄瑠璃語り）に身をやつし、三年間にわたって農家を戸別訪問し、武装蜂起を訴えた。

領内のほぼ全村の百姓が蜂起し、吉田藩ではなく宇和島藩に訴えるべく、宇和島城下の八幡河原に集結した。吉田藩の世襲家老はなすすべもなく、うろたえるばかり。末席家老の安藤継明が八幡河原に駆けつけ、帰村せよと呼びかけたが、一揆勢は応じない。安藤は群集の前で切腹し、一揆は沈静した。

宇和島藩の命により、吉田藩は農民の要求をすべて受け入れ、一揆の主導者を処罰しないことも了承したが、吉田藩は翌年、武左衛門を捕らえて斬首獄門に処した。農民騒動史に特筆される「武左衛門一揆」である。

このとき伊達村壽は、宇和島で領内仕置を学んでいた。八幡河原に終結した八千人に近い群集は、連日の雨、寒さ、空腹で難渋していた。見かねた城下の富商数名が炊き出しを藩に申し出た。村壽は炊き出しを許し、米と雨をしのぐための資材を八幡河原に届けさせた。

翌年、村壽は三十一歳で六代藩主となる。村壽は領民思いの殿様で、農民の年貢免除や救い米による救恤《きゅうじゅつ》を頻繁におこなっている。

文化九年（一八一二）十一月二十日、老中稲井甚太左衛門が重臣を招集し、財政が好転しないので、家臣の半知借上をさらに三カ年延長したい、と提案した。番頭《ばんがしら》の萩森宏綱が稲井の政策を批判すると、稲井は満座の中で萩森を罵倒した。翌日、萩森は手槍を携えて稲井邸を訪ね、来訪中の井関徳左衛門と玄関でもみ合いになり、井関を負傷させた。

翌年二月九日、宏綱は切腹を命じられ、萩森家は断絶した。妊娠中の妻は実家の田都味《たづみ》家（多都味とも）に戻った。村壽は隠居する前年、宏綱の遺児の榮之助十一歳に「格別のご吟味（温情）をもって」家名を継がせた。村壽は優しいお殿様であった。

百歳婆さんの湯呑

村壽の正室順姫はなかなか男子に恵まれず、寛政十年（一七九八）、側室なをが産んだ扇松丸六歳が御曹司（嫡子）となった。なをは医師相原道西の娘で、家臣田中家（村候の側室かよの実家）の養女となり、村壽の側室に迎えられていた。

宗紀　御野始馬上姿

扇松丸は寛政四年九月十六日生まれ、寛政七年の幕府への届けでは数え六歳と申告（官年）されている。嫡子になるということは、ゆくゆくは藩主になるということで、なをは喜んだであろう。但し、順姫に男子が誕生した場合は二男になるという条件付きである。

はたして翌年、順姫が男子村明《むらあきら》を産み、扇松丸は二男に戻った。寛政八年六月十九日、なをは扇松丸の四歳年下の弟駒次郎を産んでいる。駒次郎は文化十三（一八一六）年、吉田六代藩主村芳に男子がないので、村芳の娘敬姫の婿養子となり、二十歳で吉田七代藩主伊達宗翰《むねもと》となった。

順姫が産んだ村明は十歳で早世し、扇松丸は再び嫡子となった。文化七年（一八一〇）十一月二十五日、扇松丸改め宗紀《むねただ》は伊達家の嗣子として正式に幕府に承認された。

七代宗紀は村壽の倹約政策をさらに徹底し、殖産振興や貨殖事業で財政再建を図ったが、二十万両にのぼる上方商人からの借金が財政を圧迫していた。文政十年（一八二七）、宗紀は債務整理を断行する。二十年以上前の借金は帳消し、残りは無利息二百年賦にするというものである。慢性的に続いていた財政難は解消した。

宗紀は蘭学にも理解があった。藩領保内組磯崎《いさき》生まれの二宮敬作は、長崎でシーボルトに学んだが、シーボルト事件に連座して追放され、大洲藩領上須戒の妻いわの実家で開業していた。名医の評判を聞きつけた宗紀は、宇和島に最新の西洋医学を導入するため、天保四年（一八三三）、敬作を藩領卯之町で開業させた。

弘化二年（一八四五）三月、宇和島に帰国する船団が佐田《さだ》岬の三机《みつくえ》に寄港し、宗紀主従が上陸すると、沖合から帰ってくるイカ釣りの小舟があった。舟から腰の曲がった老婆が降りてきた。宗紀は家臣に命じて老婆を呼び寄せた。

「おばば、名は何と申す？」

「トクでございます」

「トクとやら、歳はいくつになる？」

耳もよく聴こえるらしく、百歳だと答える。

「なんと百歳か。それはめでたい」

老婆が手に湯呑を持っていたので、

「そうだ。その湯呑を貸してくれ」

縁の欠けた、粗末な湯呑を受け取った宗紀は、「これで茶を飲む」と家臣に命じた。

「では、洗ってまいります」

「洗わずともよい。長寿にあやかる」

百歳婆さんの湯呑のおかげでもないだろうが、実際、宗紀は百歳まで生きた。晩年の宗紀が長生きの秘訣を訊かれたとき、「若いうちに女色を絶つことである」と答えた。「ではおいくつのときに女を遠ざけられましたか?」と重ねて訊かれると、「そうだな、たしか七十歳（八十歳説もあり）であったか」と答えた。

大屋形様の隠居暮らし

文政九年（一八二六）五月から大屋形様村壽は宇和島で余生を過ごす。宗紀は父村壽に孝養を尽くした。村壽に供する料理は自ら吟味し、趣味の楽焼のお相手、狩猟や舟遊びのお供をし、鳥料理を献上するために自ら鳥猟に出た。能好きの村壽のためにしばしば能を催し、古稀の祝いの際には金剛流の能役者を京都から招いた。吉田七代藩主宗翰も、村壽の狩猟のお供をし、村壽が吉田八幡神社の祭礼を見物するときは、美酒佳肴でもてなした。

三浦家七代義信は、村壽が帰国すると「大屋形様付」を拝命した。三浦義信の日記「勤藩日記書抜」によると、文政十年の村壽は狩り、花見、野立て、船遊び、釣り、祭礼見物、花火見物などで遊び暮らしている。

おりにふれ、義信は村壽から鳥や魚を拝領した。鳥は朱鷺、雁、鶴、鴨、鳩、鶫《つぐみ》、鴛鴦《おしどり》。朱鷺は美しい羽が珍重され、水田を踏み荒らすので狩りの対象とされた。雁は吸い物にされた。鴨は鍋にするほか、焙って食べたり、塩漬けの保存食にもされた。

鶴は縁起のよいものとして吸い物にされ、改まった席やめでたい席に供された。徳川宗英《むねふさ》氏（田安徳川家十一代当主）の著書『徳川家が見た幕末維新』（文春新書）によると、幼い頃に正月の雑煮で食され、見た目も味も鶏のささみのようであったという。

魚介類では、鮑、鰯、甘鯛、鱸、鰹、赤鱏《えい》、鰻、鮎、鮒、鯉などを義信は拝領している。文政十三年五月、義信は大屋形様に誘われて城下の藤江川で釣りをした。息子も連れて来いというので、二男直次郎、三男嘉治馬、四男三千之助も同行した。村壽は釣果がなく、三浦父子は釣り上げた鯰と鮒を二匹ずつ大屋形様に献上した。

この夜、村壽は三浦父子を隠居所甲長館に招き、生簀の鰻を蒲焼にしてふるまった。鰻は村壽の好物で、参勤交代の途次、三河岡崎で名物の鰻を食べたり、卯之町の赤間《あかんま》で獲れる鰻が美味いと聞いて、これを取り寄せるなどしている。

二人の女流歌人

満喜《まき》姫は、安永七年（一七七八）年五月三日、五万石下総関宿藩《しもうさせきやどはん》（千葉県野田市）の三代藩主久世広明《ひろあきら》の娘として江戸に生まれた。寛政七年（一七九五）八月九日、吉田六代藩主伊達村芳の正室に迎えられる。村芳と満喜姫はともに十六歳。

満喜子和歌

この二年前に武左衛門一揆があり、一揆の翌年、吉田に藩校「時観堂」が開校され、文武が奨励された。村芳は学問を好み、文芸を愛好し、書画に巧みであった。満喜姫も文芸の才能に秀で、江戸屋敷で本間游清に国文学と和歌を学んだ。

本間家は代々の藩医であるが、游清は医学のほかに儒学や国学を学んだ。医学・本草学の著書のほか、詩歌集、国学論考、紀行、随筆も多く、随筆集『耳敏川《みみとかわ》』（全八七巻）は近世文学の傑作とされる。

文政三年（一八二〇）、夫の村芳が死去し、満喜姫は落飾して善性院香雲尼となった。香雲尼は七代藩主宗翰を補佐して、教育と文芸の振興に尽力した。弘化五年（嘉永元年、一八四八）、古稀の記念に歌集『袖の香』を上梓した。作風は優美な古今調である。

本間游清に横山桂子《かつらこ》という女弟子がいた。幕臣内藤矩佳《のりよし》の用人横山平馬の娘で、二十歳前後と思われるが、吉田藩の奥女中に迎えられ、満喜姫の娘敬姫に琴を教えた。敬姫はこの頃二十三、四歳。この三、四年前に宇和島伊達家から夫宗翰を迎えていた。

横山桂子は箏曲だけでなく、文芸の素養があり、満喜姫から歌道を勧められ、本間游清の指導を受けた。ある日、深川の実家に宿下がりした桂子が、朝顔作りの名人を訪ね、

とくおそく来てみる人のあまたあれば　露のひるまも咲《えま》る朝顔

と一首を詠んだ。これを游清が激賞し、桂子は書き綴っていた日記を『露の朝顔』と題した。奥勤めをするうち、二、三歳年上の奥女中かめ子と親しくなった。文政三年三月、内藤矩佳が大坂西町奉行を命じられ、父の平馬も大坂に赴任することになった。桂子は敬姫にゆるされて奥女中を辞した。かめ子との涙の別れに和歌を交換し、「なれにしみたち（御館、藩邸）」を去り、実家に戻った。琴の師匠を訪ねて別辞を述べ、内藤矩佳の妻に随って江戸を発った。

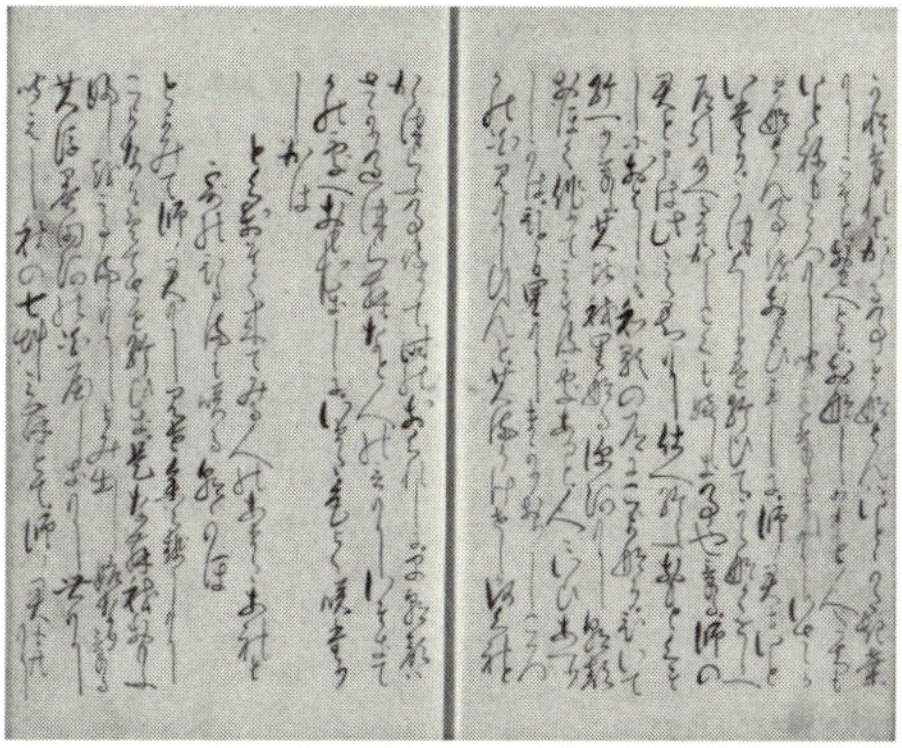

横山桂子の筆跡『露の朝顔　一』より

横山桂子は大坂に九年間滞在し、日記『露の朝顔』を書き続けた。筆跡は流麗達筆、文体は王朝風の擬古文で、教養の高さが窺われる。また、江戸の武家女性の視点による上方文化論、江戸・大坂の比較文化論としても稀少な史料とされる。

文政十二年三月七日夕刻、江戸から届いた「おほやけよりめしふみ（召し文、出府辞令）」により、内藤矩佳は十三日、大坂を出発した。四月六日、内藤が「大うへのいとこよなき司（勘定奉行）」に任命されたとの手紙が届く。十一日、桂子は「残らせ給ふ女君（内藤の妻）」に随い、「家の隅々見めくり、はた庭の木草にまで名残りを惜し」み、大坂を出た。三月二十一日、江戸で大火があり、南八丁堀の吉田藩上屋敷に類焼した。焼け出された本間游清は、白金村の本妙寺門前に転居した。白金三光坂下の吉田藩下屋敷は目と鼻の先である。横山桂子は本間游清と再会した。十一月半ば、桂子に朝廷から和歌を献上せよという命があった。翌年三月、

月前紅葉　あかぬかな月澄む夜半に散る紅葉　かつらの花の心地のみして

の一首が仁孝天皇（光格上皇とも）の目にとまり、「月の桂子」の名を与えられた。本間はこれを喜び、「雲ゐよりもりくる月にみかゝれて　ひかりそはれる玉の横山」と和歌で賞した。横山桂子は月屋《つきのや》桂子と号し、皇宮の女官に召された。

不義密通は磔獄門

密通は現代の不倫にあたる。著名人の不倫はマスコミの餌食となり、一般人でも何らかの社会的制裁を受けることがあるが、江戸時代は天下の御法度、露見すれば死罪である。密通の組み合せは、武家の妻と若い使用人、武家と町家の娘、江戸在勤中の武家の妻とさまざまな相手、僧侶と町人の妻など、身分階級を超えて多様であった。

○大超寺の坊主と町人の妻が密通し、斬首獄門。（寛文四年）
○二見浦の三十郎の妻が長介と密通し、長介は首を吊って死んだ。三十郎の妻と長介の死体は近在を引き回しの上、往来で磔にされた。（寛文十一年）
○御荘組深浦の七兵衛の妻が長月村の新左衛門と密通し、磔獄門。（寛文十二年）
○甚之助が江戸在勤中、妻のゆんが毛山村の茂吉と同棲した。帰国した甚之助は茂吉を斬り、負傷させた。茂吉とゆんは市中引き回しの上、晒しものにされた。（宝暦三年）
○御荘組小山村の座頭千弥が人妻に不義をしかけ、殺害した。斬首され、小山村で晒し首にされた。（宝暦七年）
○御小人組（下級藩士）の栄治が、林三十郎の婚約者の娘と密通したあげく、三十郎の屋敷に白昼踏み込んで、そこにいた娘に狼藉し手傷を負わせた。西江寺門前に住む友之進の妻るせが、その手引きをした。栄治は斬首。娘は身持ちが悪く不届きゆえ逼塞。るせは市中禁足（追放及び立入禁止）、林三十郎は閉門。（文政二年）
○小山村の万助と長吾が、長吾の妻と密通した板尾村の龍蔵を殺害し、入水自殺に見せかけたが、露見した、万助と長吾は入獄し、長吾の妻と庄屋も処罰された。二年後、大赦によって減刑され、流罪となった。（文政四年～六年）
○豊岡村の正善寺の住職と百姓の妻が密通し、二人は池に入って心中した。死骸は村で晒しものにされた。（文政六年）

吉田藩の郷土史料には、江戸で誰それが出奔したとか、駆け落ちしたという記録が目につく。誘惑の多い江戸での不祥事である。また、夫が江戸で勤番中、国許での妻の密通も多発したが、大半は露見しなかった。露見すれば夫は私的制裁（女敵討《めがたきうち》）を行使できたが、外聞を気にして黙認したり、示談や離縁で済ませることも多かった。

若い男女が集まって淫らなことをしている、女房が独身男の家に出入りしている、坊主が寺に女を呼んで酒を飲んでいる等々、好色事件もあとを絶たなかった。藩は何度となく好色の取り締まりをしたが、ほとんど効果はなかった。

幻の姫君

七代宗紀は鍋島家から正室観姫《みよひめ》（鍋島治茂の娘）を迎え、観姫は三男一女を産むが、いずれも一歳までに死亡した。江戸の三人の側室が産んだ男子も死産もしくは夭折し、宗紀は三十代になっても男子に恵まれなかった。

そのようなとき、幕府から、島津重豪《しげひで》の五男虎之助を養子に迎えてどうかと斡旋された。島津重豪の娘は将軍家斉の正室で、重豪は外様大名では類例のない将軍の岳父（舅）である。高輪の薩摩藩下屋敷に隠居していた重豪は「高輪下馬将軍」といわれ、権勢をふるっていた。

貞山公政宗の血脈をつないできた伊達家にとってはありがた迷惑で、宗紀は側室の懐妊を理由に断ったが、将軍家斉の男子との養子縁組も想定された。そこで宗紀は、幕府旗本山口直勝の二男亀三郎を養嗣子に迎えることにした。山口直勝の父直清は五代村候の二男で、男子のない幕臣山口家（三千石）の養子に入った。したがって、宗紀と直勝は従兄弟の関係で、亀三郎は村候の曽孫にあたる。

文政十二年（一八二九）四月、宗紀は十一歳の亀三郎を養嗣子に迎え、宗城《むねなり》の名を与え、宗紀の五女貞姫（一歳）との結婚が内定した。長女から四女は四歳までに夭折していた。

貞姫の生母は宗紀の側室森本ちかで、京都岩清水八幡宮調官森本中勢の娘。生年は文化六年（一八〇九）と推定される。側室は子女に恵まれると、上級藩士の養女となるのが通例で、ちかは吉見家の養女となり、後に綾辻、幾島と称した。

翌る文政十三年、二十一歳のちかに待望の男子扇松丸が生まれた。そこで、次期八代藩主は予定通り宗城、九代藩主は扇松丸（のち宗徳《むねえ》）が継ぐことになった。天保六年（一八三五）五月二十八日、十七歳の宗城は初めて宇和島に入国し、七歳の婚約者貞姫と対面した。ところが、貞姫は食べつけない鯉を食べ、気に入ったのか、鯉を食べ続け、七月十八日夕刻（この日は猛暑）、食あたりで急死した。音曲は二十七日まで、普請工事は二十日まで、漁家などの「家業之殺生」は一日に限り、停止された。

斉昭から贈られた甲冑

宗紀は攘夷を無謀で現実味がないとする開国主義者《リアリスト》であるが、海防（富国強兵）論者でもあった。攘夷必戦論者の徳川斉昭との論談を望み、訪問を打診したところ、「当家は倹約中なので」と断られた。「饗応など御無用。弁当持参でかまいません」と宗紀が訪問を熱望したのは、「水戸の両田」こと優秀な藤田東湖と戸田忠太夫との接触を図るためでもあった。

天保九年（一八三八）八月二十二日、伊達宗紀が小石川の水戸藩邸を訪ねると、馬場で斉昭が逞しい馬を悠々と乗りこなしていた。宗紀が儒者の青山延于《のぶゆき》（曾孫が婦人運動家の山川菊栄）に馬の産地を訊ねると、青山は島津斉彬《なりあきら》から贈られたことを知りながら、「馬は水戸産で、わが殿の御手仕込み（調教）です」と答えた。

宗紀が「御手仕込みとあってまことにおみごと」と斉昭を褒めると、「この馬は薩州侯からもらった調教済みの馬です」と斉昭は答えた。酒宴になり、宗紀が「世に儒者ほど役に立たぬものはない。儒者はうそつきの大将」と揶揄すると、青山が食ってかかり、藤田東湖が仲裁に入った。ともあれ、斉昭（三十八歳）と宗紀（四十六歳）は意気投合する。

宗紀が宗城（二十歳）を連れて水戸藩邸を訪ねるうち、斉昭は宗城を気に入り、斉昭の長女賢姫《さか》（十六歳。生母は側室茯原氏）との結婚を勧める。水戸家の姫君が外様大名家に輿入れするのは異例中の異例。恐縮した宗城は、「もっとふさわしい先方もあると思いますが」と斉昭に宛てた手紙に記している。

宗城が小石川邸の庭で打毬《だきゅう》をしたとき、斉昭夫人吉姫（三十三歳。徳川慶喜生母）が御簾《みす》の内から透き見（覗き見）をし、宗城を気に入ったという話がある。打毬とはペルシヤ起源のポロが天平時代に伝来し、中世期は衰退するが、近世に復活した武家の遊戯で、大名や上級幕臣が好んだ。

翌年の五月三日、将軍家から結婚許可が下りたが、賢姫は鼻血と差込（胸・腹などの激痛）で食が進まなくなり、結納の二日前、六月七日に急死した。享年十七歳。賢姫の遺歌と宗城の返歌がある。

賢姫　明日はなき我身と知らむ行末を　変わらしとのゝ契るかねこと
宗城　明日知らぬ身を忘れつゝ行末も　変わらしとのゝ契るかねこと

なお、「かねこと」は誓言《かねごと》で、ここでは婚約のことである。宗城は生前の賢姫と会っただろうか？　気になるところだが、不明である。

斉昭は宗城の慰めに、豪華絢爛な甲冑、自ら鍛造した脇差を贈った。宗城は烈公斉昭と軍事関係の洋書の貸し借り、諸侯に関する情報交換をするほか、水戸藩から高島流砲術を導入した。

猶姫は出戻りの姉さん女房

賢姫が死去すると、伊達家はすぐさま宗城の再縁に向けて動き、佐賀九代藩主鍋島斉直の正室の娘益姫との縁組が内定した。賢姫の死のわずか十二日後である。このあまりの速さは不可解であるが、御三卿の田安家から縁談が持ちかけられる可能性があり、先手を打ったといわれる。

元々、伊達家と佐賀藩鍋島家は親戚で、五代宗候の夫人護姫は五代藩主鍋島宗茂の娘、七代宗紀の夫人観姫《みよ》は八代藩主鍋島治茂の娘である。鍋島家との重縁によって、宇和島藩は佐賀藩から工業・軍事の最新技術を導入し、人材交流をした。

益姫は文政十年（一八二七）から天保七年（一八三六）まで、福山六代藩主阿部正寧《まさやす》の正室であったが、正寧の隠居にともない離縁になった。生年不詳で、宗城との結婚時の年齢は鍋島家の記録では数え三十一歳、伊達家の記録では二十八歳。貞姫は宗城の十歳年下、賢姫は四歳年下であったが、益姫は年上の大年増で、しかも下世話に言う出戻りである。

益姫は天保十一年七月四日、宗城の正室となり、猶子と改名した。猶姫に従って伊達家に来た奥女中は十三名、家老と医師も従ってきた。持参金三千両、毎年伊達家に送られる生活費（御化粧料、御賄方御手元金）は一千両。

宗紀の正室観姫は猶姫の父鍋島斉直の異母妹であり、猶姫にとって姑の観姫は叔母にあたる。二人は実家の佐賀藩邸に里帰りし、一泊することもあった。

宗紀三男の宗徳が次期藩主になることが決まっていたから、宗城と猶姫は世継を作る必要がなかった。言い換えれば、猶姫は藩主生母になる可能性がなく、やや特殊な藩主と藩主夫人である。二人の間に子はなかったが、夫婦仲はよかった。

正姫、江戸へ

宗紀は、長女から六女までを享年一歳から八歳で亡くしている。宇和島の側室ちか（幾島）が産んだ天保九年（一八三八）四月生まれの七女正姫と、天保十一年六月生まれの八女節姫は、宗紀にとって掌中の珠であった。

大名家では領国で生まれた娘を江戸に迎えて花嫁修行をさせる。正姫は天保十五年三月二十四日、六歳で宇和島を発ち、江戸に移った。この年の七月十六日、宗紀は隠居して伊予入道となり、宗城が藩主伊達遠江守となった。十二月二日、天保は弘化と改元され、弘化元年は一カ月足らずで終わる。翌る弘化二年、「今年は正姫様が七歳の厄年にあたるので、二月朔日《ついたち》に御年重ねのお祝いをする」と藩庁日記にある。御年重ねとは、小正月の二月一日もしくは節分の二月三日にもう一度正月の祝いをし、厄年を早く終わらせる武家の習俗である。

正姫が「え、またお正月？　やったあ、お雑煮が食べられる」と喜んだかどうかはわからないが、伊達家の雑煮は鰹節と昆布で出汁を取り、具材は餅、里芋、串子（干海鼠）、串貝（干鮑）、大根、牛蒡、焼き豆腐、蕨、白菜で、なかなか豪華である。

宗紀と観姫が住む下屋敷（弘尾屋敷、広尾屋敷）は、現在の渋谷区恵比寿三丁目（旧伊達町）あたりにあった。宗紀は健康のために散歩を奨励し、正姫は日課のように庭を歩いた。また、育ての母となった観姫に連れられ、江戸の名所見物や神社仏閣めぐりを楽しんだ。

弘化三年（一八四六）、江戸で天然痘が大流行した。弘化四年二月八日、八歳の正姫に、伊東玄朴（シーボルト門人）と弟子の宇和島藩医富澤礼中による種痘がおこなわれた。佐賀藩医の伊東玄朴は宇和島藩邸にしばしば出入りしていた。

種痘は全国に普及しつつあったが、失敗して死にいたることもあった。宗紀はもちろん、正姫も覚悟して臨んだであろう。正姫は二月十五日に発熱し、軽い発疹・膿疱を生じたが、三月一日、平癒した。顔には三カ所の薄い痘痕《あばた》を残すだけで、種痘は大成功、伊東玄朴は大いに賞せられた。

二宮敬作肖像（部分）

二宮敬作と楠本イネ

弘化二年（一八四五）二月、卯之町の二宮敬作医院に、背が高く、色の白い娘が訪ねてきた。美少女であるが、髪が紅く、眼が碧い。シーボルトの娘楠本イネである。

イネは長崎出島のオランダ商館に赴任してきたドイツ人医師・博物学者のシーボルトと、遊女其扇《そのぎ》（楠本たき）との間に生まれた。シーボルトは国禁の日本地図を持ち出そうとして日本を追放（シーボルト事件）される。イネは三歳に満たなかったが、母たき、シーボルト門人、長崎の通詞などから父の偉大さを聞かされて育った。イネは父と同じ医師になることを志し、十七歳になると、医術修業のために二宮敬作を訪ねた。

イネを案じながら過ごしていた二宮敬作は、十四年ぶりの再会に感激した。女の身で医師になるのであれば産科医がよい、と敬作は考え、岡山城下の石井宗謙に師事するよう勧めた。宗謙はシーボルト門下でも非常に優秀で、当代一流の産科医だった。卯之町で約半年を過ごしたイネは、石井宗謙の内弟子となる。

宗謙には正妻のほかに複数の妾がいた。イネは宗謙の子を妊娠し、女児を産み、タダと命名した。通説では妊娠は宗謙の強姦によるとされる。宗謙が恩師シーボルトの娘を妾にしようとしたとは思えないが、イネにとっては望まぬ関係、望まぬ妊娠で、二十三歳のイネは長崎の実家に帰った。未婚の母イネは、磨屋《とぎや》町に寄留する蘭医阿部魯庵に師事し、医術修業を続ける。

伊達宗城の宇和島日記

宗城は晩酌を欠かさなかった。夫人猶姫や側室が体調不良などで酒の相手ができないときは独酌した。風邪をひいたときは寝床で飲んだ。晩酌は宗城の日課であったが、日記も欠かさず書いた。日記は参勤交代の旅中、国事活動で京都に滞在したときも書き、明治二十五年（一八九二）に亡くなるまで書き続けた。

山口美和氏（元宇和島市立伊達博物館学芸員。現姓千田）が日記を解読し、女性目線でいくつかの論考にされている。宗城の家庭生活が垣間見え、非常に興味深いので、その一部を引用する。なお、地の文は現代文に意訳し、会話はほぼ原文のままとし、注釈を加えた。

とき：弘化四年（一八四七）年五月から十一月

場所：宇和島の御殿

主要な人物：宗城二十九歳　宗紀の八女お元（のち節姫）七歳　宗紀の五男永麿（のち忠淳）五歳

五月二十五日　錦絵を永麿に与えると、永麿は武者絵ばかり選んで気に入っている。脇から栄《しげ》が「ちょっと拝見」と覗いたら、「しげは男好きよな」と永麿は笑った。

お元がいつものように色々と話しかけてきた。木曾の櫛を与えたところ、

「何ぞ、何ぞ」

と永麿が訊ねる。お元が、

「これは櫛よ」

と答えると、

「そうか、ちょうどおなごにはええわい」

と言った。

—栄（のち栄浦）は京都から迎えられた宗城の側室で、このとき十七歳。お元と永麿は宗城の義妹、義弟にあたり、宗城はこの二人を可愛がり、二人も宗城を「お兄様」と呼んで慕った。

五月二十六日　板縁の欄干に鉄砲を掛けておいたら、永麿がその上を無理に跨ごうとする。脇から瀬崎が、「おちんちんがつえたら（潰れたら）いけません」とたしなめたところ、「つえたら女子《おなご》になろうよ」と言う。

「女子になれば、今朝の御大小も御差され遊ばれませぬ」

と瀬崎がたしなめると、

「そうよ、桜のかんざしよ」

と答えたので、皆で大笑いした。

——「今朝の御大小も御差され遊ばれませぬ」と瀬崎がたしなめたのは、この日の朝、宗城が永麿に「そろそろ大小（二本差し）を差してみるか」と話したところ、永麿は「大小は男にはなくてはならぬものよ」と大はしゃぎをした。このことを受けている。


瀬崎は家臣田都味（多都味とも）久之允の娘で、文政十三年に御殿に召し出され、中老助役となり、瀧野と名乗った。翌年、中老本役に昇進し、瀬崎と改名。藩士田中家の後妻に入るが、栄の側女中《そば》として召し出された。慶応三年（一八六七）没、享年六十四歳。永麿のおちんちんを心配した瀬崎は、このとき四十三歳。

このあと、宗城はお元と永麿を連れて庭を散歩した。宗城は短銃で燕を一羽仕留め、永麿に与えた。宗城は銃が好きで、江戸でも宇和島でも、庭の散歩に短銃を携行し、野鳥を撃ち、仕留めた鳥を自ら料理をすることもあった。後年、一橋派大名の宗城は南紀派の大老井伊直弼によって隠居処分を受ける。その理由の一つは江戸城に短銃を持参し、諸大名に自慢したことである。

「宇和島御殿絵図」多視点から描かれた奇妙な構図であるが、御殿の一部を立面図で描いている

六月二十九日　永麿が来て、「ちょっと御次（隣室）へまいりますぜ」と言う。落し物（放屁）がしたいらしく、「早く行かれよ」と言うと、駆け出した。大きな放屁を二つし、また戻ってきた。「よかったな」と言うと、「えらい（実に）よい」と言う。幾島と二人で大笑いしたら、「なにがおかしいぞ。やかましい」と怒った。

それからまた、「ちょっと御次へまいりますぜ」と言うので、「どこぞ悪いか」と訊くと、「足のできもの（腫れ物）が痛いから養生に下ります」と言う。まことに大人びた物言いなので、おかしくもあり、感心もした。

――大笑いした幾島は宗紀の側室ちかで、扇松丸（九代宗徳）、正姫、お元（節姫）、永麿（忠淳）の生母。このとき三十八歳。

八月一日　来年の参勤のことで家臣たちと相談していると、永麿がやってきて、

「どこへおいで遊ばすぞ」

と訊く。来年の春に江戸に参ると答えると、

「それはいけんことよ。どうしましょうぞ。またさみしくなりますぜ。いけんことよなあ」

と言い、涙ぐんでいる。

「じきにまた帰ってくるよ」

と慰めると、

「そりゃあ御嘘でございます。いつやらもよっぽど長かった」

「そうよ、待たっしゃいじゃ長かろう。江戸に参ったら永の好きな毛植えの鳥や牛（精巧な玩具）を進ぜよう」

と言うと、

「それはいりませんから、お兄様はお江戸においで遊ばすなよ」

「お江戸に行かぬと叱られるよ」

「どうもいけんことよ。早うお帰り遊ばさぬ。永は泣きますぜ」

「早う帰るゆえ安心して待たっしゃい」

と言うと、

「それなら鳥をお忘れ遊ばすな」


—宗城は後年、永麿を軍事訓練、狩猟などに同行した。安政五年（一八五八）春、宗城は十六歳の永麿を江戸参勤に帯同し、道中、焼き竹輪の食べ競べをするなど、実の親子のように仲がよかった。

八月十三日　お元が二階に上ったが、無事だったという。居間へまいり、休息から酒を取り寄せ、図書献上の裂き松茸で酒を飲んだ。幾島が生蕎麦を届ける。お元に盃を遣わし、幾島、浜崎にも遣わした。夜食に蕎麦切りが出た。残りは幾島に遣わした。

―お元が御殿の急峻な階段を伝って二階に上ったが、無事だった。休息とは御休息所のことで、側室栄の住居である。図書は家老松根図書。浜崎は幾島の側女中か。

八月十八日　お元と永麿が来る。大屋形様（宗紀）からお元に墨が下され、永麿にどら犬（野犬）が下された。犬はことのほか難儀して捕まえたとのこと。庭で花火をした。

八月二十三日　朝七時、お元と永麿が遊びに来る。三人で庭を散歩した。涼み処へ行き、煙草を一服してから帰った。大御前様（猶姫）から届いた仙台の菓子をお元に進ぜた。再び庭を散歩し、釣りをした。小提重（弁当）をお元と永麿が持参してきたので、茶屋で食べさせた。

―猶姫は江戸から宇和島へ品々を送ることがあった。浜御殿の庭には池があり、宗城はお元と永麿と釣りをする。弁当を開いた茶屋は、池のほとりの茶室。

九月三日　書き物をした。入湯し、朝七時過ぎ、休息（御休息所）に参る。また、書き物をした。図書から大根三把、遊山（不詳）から大梨五ツ、内蔵《くら》（図書の嫡男）から大鮎五ツ、献上があった。お元と永麿が来たので梨を食べさせた。幾島が来て、蒲鉾を献上。夕六時過ぎ、酒三ツ、蒲鉾を食べる。お元に盃を進ぜる。近頃は、並の酒を少しずつ飲ませる。

―家臣が野菜、果物、魚などを届けている。現代であれば児童虐待であるが、宗城は七歳のお元に酒を飲ませている。

十月十五日　庭でみかん取りをした。お元、永麿も拾う。孟宗竹の筍が一つ出ていた。永麿が掘りたいというので、掘らせた。

十月二十五日　菓子ばいとりをする。幾島、栄、養女三人、公一郎、中安、長貞らで、大騒動である。そのほか、肥後から江戸に来た手足とも六本指で、十七貫目余りの大子供の話などする。皆、にぎにぎしく酒を飲む。

――「菓子ばいとり」は「菓子奪い取り」で、座敷でのお菓子撒きである。養女三人は伊達村壽の娘の雍、辰、静。財政難から、幼いときに家老の家に出され、伊達家から扶持を与えられていた。公一郎は永麿の傅役《もりやく》望月公一郎。中安は藩医砂沢《いさざわ》中安、長貞は藩医土倉《はぐら》長貞。八人が「菓子ばいとり」をして大騒ぎ。

宗城は江戸で仕入れた、大子供の話を聞かせている。体重約六十四キログラムの大子供は、浅草で見世物にされ、評判になっていたようである。

十一月二十八日　七時過ぎ、休息に参る。お元、永麿、兼麿が来る。兼麿はまもなく帰る。永麿、公一郎らと大騒ぎして遊ぶ。幾島も来たので盃を遣わす。菓子ばいとりをすると、幾島が小指の皮をすりむいたので、皆で大笑いする。お元と永麿が灸療治をしたので、切りずしを与えた。

——兼麿は幾島が産んだ八人目（最後の）の子で、この年の四月十五日に生まれたが、翌年二月六日に夭折。お元と永麿が灸療治をしている。灸は健康増進や病気予防にも用いられた。子供にとっては耐え難い苦痛で、宗城は「よく我慢した」とご褒美に寿司をふるまった。

高野長英像

高野長英と宇和島妻

嘉永元年（一八四八）三月、藩医富澤礼中が、出羽国浪人伊東瑞渓を旅の道連れに東海道を西に向かっていた。伊東瑞渓、その正体は幕府お尋ね者高野長英。蛮社の獄で入牢した長英は脱獄して行方不明になっていたが、宗城の密命によって宇和島に潜行する。三月二十一日、礼中と長英は大坂屋敷に入り、参勤途中の宗城に拝謁した。

高野長英は卯之町の二宮敬作を訪ねた。長英と敬作は同年生まれ、ともに長崎でシーボルトに学んだ仲である。大酒家の二人は再会を喜んで鯨飲した。

お雇い軍学者高野長英の仕事は、宗城の収集した蘭書の翻訳、軍艦建造の基礎研究、砲台の設計、蘭学教授である。谷依中、土居直三郎、大野昌三郎、大野の実兄斎藤丈蔵、二宮逸二（敬作の二男）

の五名が門人となった。長英は塾を五岳堂と命名した。

十一月下旬、長英は外海浦の久良《ひさよし》湾に滞在し、砲台の適地調査をした。長英は砲台の設計図を書いて献上し、砲台は嘉永三年夏、外海浦の庄屋二宮市右衛門（二宮敬作の妹てつの夫）が私財を投じて完成した。

長英には婢妾兼帯の女がいた。五岳堂の近くの髪結の娘とよである。逃亡生活の不安もあり、長英は朝から酒を飲み、その量は一日三升に及んだ。大量飲酒と公務のかたわら、長英はとよを妊娠させた。嘉永二年（一八四九）春、宇和島潜伏が幕府に露見したとの情報が寄せられ、長英は宇和島を去った。宇和島滞在はわずかに十カ月余り。

宇和島退去後も、長英は宇和島藩の庇護のもとにあった。長英は江戸から斎藤丈蔵・大野昌三郎兄弟に「宇和島の軍艦研究はその後どうなっているか?」という手紙を送っている。また、「部屋を用意するから江戸に出てくるよう」と大野に勧めている。手紙は宇和島藩の飛脚便を利用した。

長英はとよに、「生まれてくる子が男児であれば僧にするよう」と手紙を書き送った。とよは男児を産んだが、母子のその後は伝わらない。

村田蔵六（大村益次郎）
キヨッソーネ画

村田蔵六

嘉永六年（一八五三）六月三日、ペリー提督の米国艦隊が浦賀沖に現れ、艦砲射撃で恫喝し、国交を要求した。七月十八日、プチャーチンが率いるロシア艦隊が長崎に来航した。事前のシーボルトの助言に従い、長崎のロシア艦隊は穏やかに交渉を求めた。

十月上旬、周防（山口県）の村医者村田亮庵が卯之町の二宮敬作を訪ねた。敬作は談論するうち、緒方洪庵の適塾に学んだ村田の学識に瞠目した。村田を宇和島に招いたのは大野昌三郎で、村田亮庵はお雇い軍学者として宇和島藩に召し抱えられた。

十二月、長崎で幕府とロシアとの交渉が始まった。交渉団の一人が津山藩医箕作阮甫《みつくりげんぽ》で、幕府に重用されていた。阮甫は石井宗謙から楠本イネ宛ての手紙を預かっていた。この頃、石井宗謙は幕府に出仕していた。

十二月末日、阮甫は諏方町《すわのまち》の一力楼でイネと会った。阮甫は「容貌妍美、身体頎長、風神俊俏、長崎では第一等の美人と謂ふも可なり（容貌が美しく、身体がすらりとし、挙措もさわやか、長崎一の美人といえよう）」と日記に書いている。

年が明けて、嘉永七年一月十八日、イネは箕作阮甫と面談し、「以前、宗謙は子を連れて江戸に出てくるよう言ってきたことがありますが、断りました。手紙には子だけでも引き取りたいので、大坂で受け取りたいと書いてありましたが、その気はございません。宗謙とは縁を切りたいと思います」と伝言した。

二月十一日、村田の妻琴子が宇和島入りした。十三日、「村田に月々米六俵（年約三十石）を与える」という藩の通達があった。村田亮庵は蔵六と名を改め、軍艦雛形の建造、蘭書（兵学書）の翻訳など、多忙な日々が始まった。

ちょうちん屋嘉蔵

宇和島藩の蒸気船建造で、蒸気機関の製造にあたったのは、「ちょうちん屋嘉蔵《かぞう》」とよばれていた無名の職人である。司馬遼太郎の短篇「伊達の黒船」、長篇『花神』に登場するので、まったく無名というわけではなく、宇和島市では郷土の偉人である。

文化九年（一八一二）九月四日、藩領八幡浜に生まれ、四十歳の頃、宇和島城下に移住し、裡町の長屋で商売を始めた。ちょうちん張替え、盆灯篭の製作、武具甲冑・仏壇仏具・神輿の修繕、ドブ板直しなど、注文があればどこへでも出かけていった。嘉蔵は科学に興味を持ち、辻井横丁の町医者栗田俊丈から、宇田川榕菴の『舎密開宗《せいみかいそう》』（科学・化学入門書）を借りて熟読した。

嘉永七年（一八五四）一月三日、年始の挨拶に本町の富商清家市郎左衛門を訪ねると、「異国には帆にたよらず大海を走る火輪船なるものがあるという。ご家老の桑折様から、火輪船の工夫のできる者がいれば、その仕掛けを作らせてみよとの御沙汰があった。嘉蔵、作ってみよ」と思いがけないことを言われた。

嘉蔵は一週間ばかり没頭し、箱に両輪を付け、歯車で前後自在に動く仕掛けを作った。献上すると、二人扶持五俵という微禄ではあるが、御船手方お雇いを命じられた。

五月十七日、村田蔵六は神田川原戸板口の二階建ての御借長屋の改築を始めた。七月二日、改築が終わり、村田塾に多くの宇和島藩士が入門した。

八月二十日、長崎への軍艦および航海術調査団に村田蔵六と嘉蔵が参加し、二宮敬作も藩に願い出て同行した。敬作の目的はたきとイネに会うことである。

敬作はたきと二十五年ぶり、イネと九年ぶりに再会した。阿部魯庵は七月二十四日に死去し、イネは師を失っていた。敬作は村田蔵六に学ぶよう勧める。十月中旬、嘉蔵、村田蔵六、二宮敬作、楠本イネの四人が連れ立って宇和島へ旅立った。イネにとっては三歳に満たない娘タダを母たきに託しての出郷である。

イネはひとまず卯之町で旅装を解いた。十一月五日、大地震（安政南海地震）があり、宇和島藩領は地震と津波の被害を受けた。前日、江戸でも大地震（安政東海地震）があり、宇和島藩邸も損壊した。十一月二十七日、嘉永は安政と改元されたが、大晦日になっても余震が続いた。

震災から二カ月後、安政二年（一八五五）一月六日、敬作とイネは宇和島の村田蔵六を訪ね、二十七歳のイネは村田塾に入門した。

この頃、敬作の甥三瀬周三（十五歳。のち諸淵）が、敬作に弟子入りしている。周三は天保十年（一八三九）七月一日、二宮敬作の妹くらの嫁ぎ先の大洲の塩問屋麓屋（大洲藩御用商人）に生まれ、十二歳から大洲の神職常磐井《ときわい》厳戈《いかしほこ》の私塾古学堂に学んでいたが、常磐井の勧めで伯父敬作に学ぶことになった。

八月になって、村田蔵六は軍艦雛形を完成させた。全長二・七メートル、載貨重量約〇・六トン、二〜三人乗り。船首の装飾を嘉蔵が彫刻した。試運転は上々だったが、軍艦建造は十万石の宇和島藩の手に負えるものではない。宗城は軍艦事業を断念したが、蒸気船建造の夢は捨てず、嘉蔵の奮闘は続く。

一年後、安政三年三月、村田蔵六は江戸に出る。蔵六がいなくなったので、敬作・イネ・三瀬周三は長崎に移住し、敬作は銅座跡のイネの実家で医院を開業した。諸国から多くの医学生が入門し、庭に茣蓙《ござ》を敷いて食事を取るような状態になり、二宮医院は諏方町に移転した。

江戸の蔵六は宗城の支援によって麹町に学塾鳩居堂を開き、二宮敬作の息子逸二が一番弟子となり、石井宗謙の長男久吉（のち信義）も入塾した。

三瀬周三は長崎で蘭語修業を続け、イネの娘タダと婚約した。イネは敬作に学ぶかたわら、実家で医院を開業した。以後、長崎に来た蘭医ポンペ・ファン・メーデルフォールト、A・F・ボードインなどから最新の西洋医学を学ぶ。

伊達宗城の江戸日記

伊達家は宗紀・宗城・宗徳の三世代大家族であったから、年中行事のたびに祝儀を交換したり、団欒や酒宴を楽しんだ。以下は、嘉永七年（一八五四）から安政三年（一八五六）にかけての江戸上屋敷の風景である。
嘉永七年五月十四日　大膳（宗徳）参る。茶屋の屋根に猫がいたので、大膳と竹にて叩き、大笑い。

江戸上屋敷絵図　宇和島藩士上月行敬が嘉永3年頃に描いた麻布龍土屋敷　近年、発見された

―茶屋は上屋敷の内庭の茶室。大膳は宗徳の官途名大膳大夫の略。三十五歳の宗城と二十四歳の宗徳は、茶室の屋根にいた猫を竹竿で叩いて大笑いしている。

嘉永七年閏七月三日　さといも、たこ、大膳と手料理する。

―宗城と宗徳は実の兄弟のように仲がよく、二人で料理をして酒の肴にすることもあった。

嘉永七年九月四日　大屋形様（宗紀）が供揃いにておいで遊ばす。大御前様（観姫）は御足痛み遊ばし候ゆえ、おいでになられぬとのこと。昼食をご一緒する。遅れて、お正（正姫。十六歳）参る。「めくり中」なので、遅くなったとのこと。お元（節姫。十四歳）にも参るよう伝えていたが、初めて「めくり」になり、来られないとのこと。幾島も頭痛で来られない。想海楼の庭へ参る。大屋形様は庭を散歩された後、菓子とすしを召し上がる。夕方、吸い物を食す。盲人両人が来て琴を弾く。夜食。大屋形様はお帰りになり、ほどなくお正も帰る。

―「めくり」は「めぐり」で、月経のことである。節姫の初潮が十四歳であるこ

江戸上屋敷図　デジタルリマスター版　佐藤伊吹画

とがわかる。幾島は宇和島から江戸に来ている。想海楼は上屋敷の内庭にある離れ屋。伊達家出入りの検校（箏曲演奏家）が来て演奏している。

嘉永七年九月十五日　夕方より晴れ、月よろし。御前様（猶姫）はじめ、皆々で鳴り物する。宗徳と一緒に踊る。大笑い。

―宗城は三味線の音曲を好み、猶姫は三味線の稽古に励んだ。宗城と宗徳は音曲にあわせて踊ることもあった。十一月四日、東海大地震があり、宗城は猶姫の手を引いて庭に避難した。同月二十七日、嘉永は安政と改元され、安政元年は一カ月余りで終わり、安政二年となる。

安政二年一月十七日　大屋形様と大御前様が、お正、お節を連れておいでになる。菓子、雑煮、屠蘇を召し上がる。庭へ出て、お正は馬に乗る。薩州公から借りたゑれきてるを大屋形様にお見せした。

―正姫は上屋敷から下屋敷に牽かれてきた小桜という馬を、宗城と宗徳の指導で乗りこなしていた。この日も、乗馬を披露している。ゑれきてるは宗城が島津斉彬から借りた電気治療器エレキテルで、脳卒中の予防と治療に効果があるとされた。

安政二年六月九日　保麿（五歳。宗城の長男。のち真田幸民《ゆきもと》）が可愛がっていた鳥三羽を猫が襲ったので、蚊遣りで燻して生け捕りにした。自家製の焼酎を茶碗に半分ほど飲ませると、大酔いになる。大笑い。

安政三年四月十三日　大膳が来る。召使の候補の一人と面接する。よほど珍しい美人で、申し分ないが、二十歳過ぎなので大膳には年を取り過ぎている。残念。此方《こなた》（自分）にはちょうどよい。珍しいほどの美人だ。

安政三年四月十四日　大膳の召使候補と面接する。ずいぶんとよい。

安政三年四月十六日　大膳の召使候補数人と面接する。よい者はいない。

安政三年四月二十四日　大屋形様、大御前様、お正、お節が来る。昼食をともにする。七人が一緒なので大混雑。若狭守（吉田八代藩主伊達宗孝）が来る。菓子とすしを食べる。賑々しく酒宴をし、音曲で騒いだ。お供の者も皆、酔った。

安政三年五月二十二日　大膳がやってきた。この前の面接から召使一人を選んだという。

安政三年六月一日　大膳の召使に採用された小姓女中が、今日から出勤した。御殿風の髪型にしたので、ますます容姿がよい。

—結局、美人が採用された。記述からすると、二十歳過ぎの超美人ではなさそうである。自分の奥女中ならともかく、宗城は宗徳の奥女中の面接をしている。宗城は美人好きで、江戸城で諸侯と美人談義に興じたり、家臣と美人について話題にすることがあった。

安政三年八月十五日　御前様（猶姫）、奥女中などで鳴り物する。皆々酔い、庭にて騒ぐ。快堂は裸踊りする。

—この日は十五夜の月見。快堂は藩医谷快堂。藩医は江戸でも宇和島でも屋敷に詰めており、酒宴にも同席した。芸がない快堂は裸踊りを披露する。

安政三年十月五日　供揃えして、大膳と馬で弘尾（下屋敷）へ参る。御前様（猶姫）は体調がよいものの、髪がうまく整えられなかったので同行しなかった。浅草で評判の生き人形が下屋敷に参るというので見に行ったが、まことに生き人形とはこのことで、ものを言わないのが不思議なほど。感心、感心。この人形は上屋敷にも呼ぶことにした。

美少女剣士千葉佐那

安政三年（一八五六）二月二十一日の宗城の日記に、「正姫の和歌の指導をしていた奥女中一枝が死んだので、増上寺御霊屋《おたまや》掃除頭田原栄之助の母まゆ子という老尼が歌道をよくし、人柄もよいというので、和歌の教授に迎えた」とある。正姫は江戸で歌道、茶道、花道、香道、書道、箏曲、仕舞、将棋などの教養を身につけた。武術も必須科目で、正姫と妹節姫に武芸を教授したのは、坂本龍馬の婚約者として知られる千葉佐那である。

嘉永六年（一八五三）、坂本龍馬は江戸京橋の桶町千葉道場に入門した。道場主千葉定吉の兄が、神田お玉が池の北辰一刀流道場主千葉周作である。龍馬は千葉定吉の息子重太郎に師事して剣技を磨く。このとき、重太郎の妹佐那と知り合った。十五歳の佐那は女剣士で、門弟に稽古をつけ、「千葉の鬼小町」「桶町の鬼小町」とよばれる評判の美人でもあった。

十年後、龍馬は佐那と婚約した。姉への手紙に、「今年二十六歳の佐那は、馬によく乗り、剣はよほど手ごわく、長刀《なぎなた》もでき、力は並みの男をしのぎ、平井加尾（龍馬の最初の婚約者）よりも美人で、十三弦の琴を弾き、十四歳のときに免許皆伝し、絵も得意で、心ばえは男子も及ばないほどの大丈夫（凜々しく勇ましい）です。しかし、ふだんはいたって静かな人で……」と書いている。

父の定吉は、結婚祝いのために坂本家の紋付を仕立てたが、龍馬が土佐に帰国すると、しだいに疎遠になった。のちに龍馬の死を知った佐那は、自害しようとして父に止められたという。佐那は紋付の片袖を形見にした。

安政三年（一八五六）五月、十八歳の千葉佐那が伊達家下屋敷の通いの奥女中に迎えられた。同い年の正姫、二歳年下の節姫に武芸を指南するためである。

宗城は手留（備忘録）に千葉佐那について記している。

五月九日「此度お正殿付に相成候さなと申そはのものけんしつやりなきなたつかい候事見事女子にしてハ中々たつしやにてかんしんいたす（正姫付きの側女中となった佐那という者の剣術、槍、長刀は見事であり、女にしては達者なので感心した）」

五月十八日「お正殿お節なきなたのかた四五本此間上り候そはのものにならひ覚候よしにてみる側のものハよほと上手にて男子もよはきものハまけそふ也さなと申きりよふもよほとよろしく（正姫と節姫が長刀の型を四、五本、先日採用の側女中に習うというので見た。この者はよほど強く、男も弱い者は負けそうである。佐那といい、容姿も非常によい）」

六月十九日「大膳さなと長刀けんしつするさなハきりよふも両やしき三奥にていちばんよろしくなきなたもよくつかい大膳もまけ候位夥〻めつらしき人也（宗徳が佐那と長刀、剣術の試合をした。上屋敷と下屋敷の奥女中のうちで佐那はいちばんの美人、長刀も強く、宗徳も負けたほどだ。さてさて珍しい人である）」

このとき大膳（宗徳）は二十六歳、武術は桃井《もものい》道場の桃井春蔵に学んでいたが、十八歳の佐那に打ち負かされた。佐那の武術指南を三度見た宗城は、「きりょうがよい」と二度も書いている。佐那はよほどの美人で、宗城の好みの顔立ちをしていたのであろう。

千葉佐那は写真も肖像画も残っていない。「産經新聞」に連載（昭和三十七年六月二十一日〜昭和四十一年五月十九日）された司馬遼太郎『竜馬がゆく』の挿絵は岩田専太郎が担当した。凛々しい剣道着姿の佐那（この作品では「さな子」）は可憐で愁いを帯びた顔である（98頁図版参照）。岩田は時代考証家でもあり、胴には千葉家の家紋「月星紋」が描かれている。

千葉佐那　岩田専太郎画

千葉佐那は龍馬を慕って一生を独身で通したと伝えられる。平成二十二年（二〇一〇）、「明治七年に元鳥取藩士の山口菊次郎と結婚し、数年後離婚した」という明治の新聞記事が京都国立博物館の宮川禎一氏によって発掘され、通説が覆された。

宮川氏の論考によると、佐那は離婚後、学習院女子部の舎監をつとめ、退職後、東京千住で灸の治療院「千葉灸治院」を開業した。明治二十六年（一八九三）、佐那は甲府市の小田切謙明（自由民権運動家）の家に寄寓していた。このとき、山本節という女性ジャーナリストが佐那を取材し、その印象を『女学雑誌三五二号』に記している。以下に、意訳して引用する。

「肌はつやつやしており、皺も白髪もない。ものごしや言舌は快活。五十六歳であるが、十五歳か二十歳は若く見える。顔は長めで、鼻筋が通り、口元はしまっている。額が狭いのは薄幸そうに見える。眼に力があるのは、幼少からの武芸修行の結果であろう」

山本節の質問に千葉佐那は、「伊予の伊達侯の姫君政子《ママ》様は、その頃妙齢で、武芸を修めるためにわたしに就いて薙刀、撃剣、居合、馬術を習いました。闊達で、男勝り、わたしは免許皆伝を許しました」と答えている。三年後、千葉佐那は五十八歳で亡くなった。

佳姫の婚礼

宇和島市立伊達博物館に、絢爛豪華な女乗物が展示されている。蒔絵で装飾された女性の乗物で、その外装・内装は豪華をきわめ、動く御殿といわれる。花菱月丸扇の家紋があり、出羽国久保田藩佐竹家の家紋である。乗物というのはなじみがないので、以下、お駕籠と表記する。

ある日、女性たちがこのお駕籠の前にいた。秋田の姫君が宇和島に嫁いだ縁を探《たず》ね、遠く秋田からやってきた女性たちである。

「はるばるなあ、秋田からこんた四国の田舎になあ、やざねえなあ（はるばる秋田からこんな四国の田舎に、お可哀そうに）」

「んだな、何ぼ、とぜねがったべなあ（そうね、どれほどかお辛かったことでしょうね）」

「まんじ、気の毒だお姫様だなあや（ほんとうに気の毒なお姫様ですね）」

お駕籠に揺られて姫君がたどった、長く苦しい旅路に思いを馳せ、感極まって泣いている人もいる。しかし、われわれは歴史の授業で「入り鉄砲に出女（関所の武器と女改め）」について習ったはずである。江戸時代、大名家の妻子は江戸から出ることを許されなかった、と。

このお駕籠は、安政三年（一八五六）十二月十六日、姫君の輿入れの際に使われた。輿入れの行列は下谷八軒丁の久保田藩邸（御徒町の佐竹商店街あたり）を朝の八時に出発し、正午頃、麻布龍土の宇和島藩邸（港区六本木の国立新美術館あたり）に到着した。

行列の先頭集団は、婚礼用の品々を運ぶ一団である。事前に送られる調度品もあり、二百人を超える行列を仕立て、三度に分けて送られた。ほかに、姫様付きの奥女中の道具送りもあり、後日送られた道具に雛道具などがある。

行列の先頭の方にお駕籠があり、中に天児《あまがつ》という人形が乗っている。大名家では子供が生まれると、人形をつくる。病気や災難よけの身代わり（形代）である。男の子の場合は、十五歳になると犬張子と一緒に神社に奉納するが、女の子の場合は婚礼の際に持参した。

天児の後には貝桶が続く。貝桶は、貝合せ（平安時代に始まる遊戯）に用いる貝殻を収める豪華な桶である。この先頭集団だけで、護衛の騎馬武者を含めて四十人に近い。続いて侍の隊列があり、その後ろに四人が担ぐお駕籠があるが、これには老女が乗っている。姫様付きの奥女中の筆頭である。

挟箱持ち、槍持ち、長刀持ち、刀持ち、脇差持ちが先行し、ここでようやく姫様のお駕籠である。舁《か》き手は八人、奥女中が日傘をさしかけ、草履取りが付き添う。護衛の侍、挟箱持ち、雨傘持ちの小者が従う。茶道の師匠、茶弁当、高級奥女中のお駕籠が三梃、騎馬隊の行列、藩医のお駕籠や荷物運びと続いて、最後は婚礼差配役の家老のお駕籠で終わる。総勢三百人に近い大行列である。

お姫様の名は佳子という。伊達宗徳の継室で、継室とは下世話にいえば後添え、後入り。宗徳の最初の夫人は毛利家から迎えた孝姫（毛利斉元の二女）であるが、結婚後二年足らずで病没し、二十一万石の秋田久保田藩佐竹家の佳姫を継室とした。

佳姫は天保五年（一八三四）三月二十四日、久保田十代藩主佐竹義厚《よしひろ》と側室阿部氏の娘との間にできた長女忠子《きよこ》である。忠姫《きよ》は天保八年五月三日、秋田を出て江戸に向かった。行列に付き従う奥女中は二十五人。わずか三歳であるから、秋田の記憶はほとんど無かったであろう。江戸で佳子と改名し、縁あって伊達家に嫁ぐことになった。

縁談がまとまると、両家は婚礼に向けて綿密な打ち合わせを続ける。佐竹家は持参金三千両、毎年の生活費を千三百両と提示したが、伊達家は一千両に減額するよう求めた。減額の理由は、宗城夫人猶姫の化粧料が毎年一千両であるから、バランスを考えたのであろう。

また、佐竹家は役人二人・医師一人を伊達家に常駐させたいと主張したが、役人一人・医師一人が通勤することで両家は合意した。佳姫付きの奥女中の人数についても協議が重ねられ、伊達家は十七人以下にしてほしいと要望し、老女一人・若年寄一人・中老四人・御小姓一人・表使一人・御次四人・御中居二人・御末三人の合計十七人に決定した。

佳姫のお駕籠は表御門から入り、御奥御門に進んだ。若年寄山路が貝桶を渡す儀式をおこない、両家の家老によって佳姫の乗るお駕籠引渡しの儀式がある。お駕籠は廊下を渡って御奥の広間に入る。お駕籠を担ぐのは奥女中六人で、前の三人は姫様にお尻を向けないよう、後ろ向きに歩いた。広間にお駕籠が置かれると、見えないように屏風を引き回す。

宗徳が来てお駕籠に手をかけ、佳姫が初めて姿をあらわす。二十二歳の佳子と二十六歳の宗徳のこれが初対面である。老女が佳姫を休憩の部屋に案内する。やがて、両家の老女がやってきて、佳姫のお守りが老女から老女に渡される。宗徳がお守りに一礼すると、お守りは床の間に掛けられる。

佳姫が持参した宗徳の衣裳が披露され、盃事があり、宗徳から佳姫に贈られるお色直しの衣裳が披露される。佳姫はお色直しの衣裳に着替え、宗徳も佐竹家から贈られた衣裳に着替える。着替えをした二人は祝いの広間に入り、いわゆる三々九度にあたる盃事をする。婚礼の儀式を終え、佳姫と宗徳が奥の間に下がると、午後四時を過ぎていた。

午後八時、宗城と宗徳が表御殿大広間に出座、家臣一同が召し出され、大酒宴が始まる。午後十時、宗徳は佳姫の待つ新奥に渡り、御床盃の儀式がある。深夜になって宴席は宗城の奥御殿広間に移り、奥女中や御側衆に酒がふるまわれ、謡、歌舞音曲の賑やかな宴会が続いた。

さて、新奥で佳姫と宗徳は何をしていたか？　二人は将棋をさしていた。

「姫は将棋はさしますか？」

「少しだけなら」

将棋も姫君のたしなみの一つである。

「それはいい。では一局」

ということで、勝ったり負けたりで朝になった。

夫婦で交換日記——裸踊りをする奥女中

安政五年（一八五八）、将軍継嗣問題、日米通商条約締結問題などで多忙となった宗城は、五月十五日から猶姫に日記を書かせる。ところが、猶姫の日記は簡潔で、宗城はもっと詳しく書くよう指導した。猶姫は頭痛・肩こりの持病があり、宮沢という按摩や藩医林道仙がしばしば治療にあたった。日記を書かされるのは嬉しくなかっただろう。

以下は、六月十五日の宗城と猶姫の日記である。

宗城記

十五日晴八十度
一　目覚。食事二ツ。
一　出坐。老若（家老と若年寄）が目見《めみえ》。
一　越前（松平慶永）へ文遣わす。
一　長左ヱ門用事。
一　広尾（下屋敷）へ文。
一　昼飯二ツ。ほどなく奥へ参る。若両所（宗徳と佳姫）も呼ぶ。
一　菓子、茶。
一　少々昼寝する。
一　目覚、義三郎《のりさぶろう》（義麿。宗城四男。母は江戸の側室ゆか）と部屋でかゝり湯する。
一　畑へ参り、豆、瓜など取り候事。
一　暮前より吸い物。若両所参る。奥老、役女へも盃遣す。
一　次の者、鳴物する。
一　小ふじ、とよが雨の庭に下り、裸にて歩く。大笑い。
一　五ツ半、出坐。

猶姫記

十五日　晴　暑気強く、夜に入り雨

五ツ前、お目覚め。伺い出る。義三郎どのとお遊び。御膳二盛り、後、出坐。昼後、奥へお入り。御二所（宗徳夫妻）、義三郎どのも御出で、水お掛け遊び、しら玉召上る。少々お話し、御二所御帰り、お昼寝遊ばし、七ツ頃お目覚め。義三郎どのの御部屋へ入られ、御かゝり湯遊ばし、少々畑のあたりお歩き遊ばされ、暮れ過ぎ、御二所御出で、吸い物・お酒召し上る。御二所より硯蓋物《すずりぶた》（肴類）到来、じきに開く。当番の役女へ盃・肴遣わす。次には鳴り物いたす。こふじ、とよ、庭へ下り、騒ぎ、両人ともすべり、大笑い。五ツ半過ぎ、御出座。じきに御しん（御寝）。

—宗城は朝食と昼食を二ツと書いているが、日記は公文書の性格もあり、健康状態を示すものとして、ご飯を何杯食べたか記すのが定型化していた。宗城は福井藩主松平慶永（春嶽）および伊達家下屋敷に手紙を書き、家臣吉見長左衛門と用談する。伊達宗徳・佳姫夫婦が来る。三歳の宗城の四男義三郎（のち昌邁）が来て、一緒に水遊びをし、白玉を食べる。宗徳・佳姫は帰り、宗城は昼寝をする。湯浴みをし、畑で豆や瓜を取る。

日が暮れると、宗徳・佳姫夫婦が肴を持参し、当番の奥女中たちも来て宴会になる。奥女中のこふじ、とよの音曲を楽しむ。酔った二人は調子に乗って衣裳を脱ぎ捨て、裸になって雨の庭に下り、すべって転ぶ。一同、大爆笑。

宗城は奥女中の裸踊りを見て笑っていただけではない。松平慶永（春嶽）への手紙や腹心の吉見長左衛門との用談は、大老井伊直弼の動向に関するものであったと思われる。慶永と宗城は次期将軍に一橋慶喜（斉昭の子）を推す一橋派、直弼は紀州徳川家の慶福《よしとみ》を推す南紀派であった。

六月十九日、日米修好通商条約が調印され、無勅許調印に憤った徳川斉昭、尾張藩主徳川慶勝、松平慶永が江戸城におしかけ、井伊直弼を詰問した。七月五日、「不時登城で御政道を乱した」との理由で、井伊は斉昭を謹慎、慶勝と慶永を隠居謹慎、一橋慶喜を登城禁止とした。

七月十六日、藩兵を率いて上洛するための軍事演習をしていた島津斉彬が昏倒し、四十九歳で急死した。八月七日、宗城は斉彬の訃報に接し、強い衝撃を受けた。八月八日、大名総登城の江戸城で十三代将軍家定の死が公表された。斉彬が家定に嫁がせた篤姫は天璋院となる。十二歳の慶福が十四代将軍家茂《いえもち》となった。一橋派の完敗、南紀派の完勝である。

コレラ騒動と安政の大獄

安政五年（一八五八）八月十一日、宗城は江戸城で町奉行からコレラの流行を聞く。多数の死者が出ているという。二日後、宗城は「誰でも筆写して用心するよう」と予防法を書いた書付を小姓頭に渡した。

「火鉢へほどよく火を入れ、大茶碗か土瓶に酢を入れ、とろ火で沸騰しないように煎じ、これを座敷に置き、酢の匂いを部屋に充満させる。折々、これをするが、日中や上天気のときはしないでよい。

雨天やじめじめした日は何度もすること。寝冷えしないことが大事。酢の物がよいので、折々食べること。魚類には用心。腐りやすい物、一夜越しの物を食べることは禁止。煮立てたものがよい」

当時、これが最先端のコレラ予防法であった。

この翌日、八月十四日、猶姫に下痢が始まった。時候障りであろうということで、宗城はあまり心配せず、翌日の十五夜の月見の和歌を懐紙にしたため、村田蔵六を来邸させ、オランダ渡来の地図の解説をさせた。

十五日、宗城は宇和島の側室栄《しげ》にコレラ予防法を書いた手紙を送った。月見の宴には猶姫、宗徳・佳姫夫婦、忠淳（永麿）も加わった。猶姫は用心して粥を二杯だけ食べたが、夜中に十八回の下痢をし、宗城は寝ずの看病をした。

十六日、仙台藩医大槻俊斎が猶姫に投薬した。翌日、俊斎は猶姫を軽症のコレラと診断した。宗徳・佳姫夫婦も看病し、祈禱もおこなわれたが、病状は一進一退。看病していた奥女中の染井が感染して死に、感染して宿下がりした千代岡も死ぬ。「不憫なり」「不憫、残念なり」と宗城は日記に書いている。

宗城は連日、病床の猶姫を見舞い、猶姫の気分のよいときは「まきれこと（紛れ事）」をした。病人の気分転換で、他愛のない噂話・世間話などをし、忠敦は本を読み聞かせた。

九月十七日、大老井伊直弼が伊予入道宗紀を招き、「親戚のことですから穏便にすませたいのですが」と伊達宗城の隠居を迫った。宗紀との五回におよぶ面談の結果、伊達宗城は依願隠居することになった。一橋派の土佐藩主山内豊信《とよしげ》は強制隠居させられ、大殿様山内容堂となった。江戸がコレラで騒然とする中、尊攘浪士が逮捕され、安政の大獄が始まる。橋本左内、吉田松陰が斬首され、宗城の腹心吉見長左衛門は江戸を追放された。

十一月七日、宗城は隠居の理由を病気とするため、藩邸に幕府奥医師の伊東玄朴と戸塚静海（シーボルト門人）を招いた。仮病であるから診察はせず、表で食事を出し、奥で酒宴をした。同月二十三日、宗城は隠居し、宗徳が九代藩主となった。十二月五日、猶姫はようやく床払いをした。

この頃、佳姫は結婚二年目にして妊娠していた。年が明けて安政六年、宗城は一月五日の日記に「ちょっと新奥へ参り、お佳のおなかをみる。たい（胎児）もいよいよ丈夫なり」と書いている。翌日の日記には、「お佳を伺い、新奥に参る。腹部みる。胎動も知れる」とある。宗城が佳姫の腹部を観察し、胎動を確かめているのは、少々驚きである。この妊娠は流産に終わった。

四月十七日、隠居して帰国する宗城の船団が佐田岬の三机に寄港しようとすると、一艘の船が近づいてきた。煙突から白い煙を吐く蒸気船である。

蒸気船完成

安政三年（一八五六）十月、蒸気船の船体が完成した。全長約一六メートル、全幅約三メートル。安政四年一月、蒸気機関が完成したが、稼動試験は失敗に終わった。罐《かま》は銅製でなければならないと嘉蔵は主張していたが、安上がりの鋳物で造ったため、あちこちから蒸気が漏れた。

十一月二十一日、嘉蔵は上司の田原七左衛門ら四人とともに鹿児島に出張し、桜島造船所で蒸気船を見学し、島津斉彬自慢の集成館を視察した。

翌る安政五年正月一日、嘉蔵と田原七左衛門は長崎の楠本医院を訪ねた。六歳のイネの娘タダ（のち高子）が年賀祝儀に琴を弾き、イネも三味線を弾いて大騒ぎになった。そこへ、宇和島藩御用商人有田屋の主人彦助がやって来て、田原と二人で丸山遊郭に繰り出した。嘉蔵は遊郭で遊べる身分ではない。


安政六年一月、銅製の蒸気機関の稼動試験に成功し、蒸気船は藩主宗徳を乗せて湾内を試運転した。吉田、八幡浜など、湾外へも航行を試みた。嘉蔵ら日本人だけで建造した蒸気船としては国産第一号である。この蒸気船には船名がなく、嘉蔵は自伝に「国製蒸気船」と記している。二月十七日、嘉蔵は三人扶持九俵、苗字御免の譜代家臣となり、前原喜市と名乗る。苦節五年、晴れて譜代家臣前原喜市となった嘉蔵であるが、以下、主として嘉蔵と表記する。

四月中旬、嘉蔵ら八人が乗り組む蒸気船が佐田岬に向かった。隠居して帰国する宗城を迎えるためである。船団が現れると、嘉蔵は蒸気船を御座船大鵬丸に近づけた。失意の宗城が喜んだのはいうまでもない。

殿様と網元の娘

宇和島に帰国した宗城は、狩猟、釣り、遠乗りなど型通りの隠居生活を送る一方、有志大名との情報交換にも余念がなかった。万延元年（一八六〇）三月二十七日、恵美須山で狩りをしていた宗城に、江戸の宗紀から火急の書状が届いた。

読み終えた宗城はお供の家老桑折駿河に、「本日は大猟である」と告げ、満足そうな表情をうかべた。猟果はないので、桑折が不審に思っていると、書状を渡された。井伊が三月三日に桜田門外で暗殺されたことを報せる書状であった。

八月十三日、宗城は領内の鹿島で鹿狩りした。鹿島は外海浦の内泊村の沖合に浮かぶ小さな無人島で、その名のとおり、鹿が多い。城下の南、由良半島の下灘村の庄屋赤松家に一泊し、翌朝、船で鹿島に向かった。宗城はオランダ製の二連発銃で鹿を仕留め、八月二十日、城下に帰った。

以下は著者が母方の祖母から聞いた話である。

祖母の先祖は内泊村の網元で、お狩場の鹿島を管理し、お殿様の鹿狩りの際は本陣宿として接待にあたり、苗字帯刀を許されて浜田と名乗っていた。某年某月某日、お殿様が鹿島で鹿狩りを始めた。お殿様が宗城かどうかはわからない。

小休止したお殿様に、浜で焼いたメジカを勧めたところ、「このような旨い魚は食べたことがない」とご満悦であった。

メジカとは宗田鰹で、目と口が近いのでメジカとよばれる。宗田鰹の削り節は鰹節より旨味が濃厚で、香りもよく、江戸前の蕎麦の出汁には必須である。刺身も美味であるが、釣り上げた瞬間から腐るといわれ、食べるとしばしば腹痛を起こす。

たいていは三枚におろしたものを茹でて脂を落とし、醤油やマヨネーズをかけて食べる。茹でたメジカを軽く乾燥させ、じっくりと焼き、ほぐした身を胡瓜と和えて酢の物にすると絶品である。

浜でメジカを焼いたのが網元の娘なぎである。早朝から殿様に献上するアワビやサザエを潜って獲っていたので、ほぼ全裸。肌は日焼けし、乳房がつんと尖り、四肢は逞しく、お尻は引き締まっている。

「そのほう、歳はいくつになる?」

殿様が訊ねると、くるっとした眼を向けて、

「うち（私）は十と四になる」

こぼれる前歯が白い。

「そのほう、名は何と申す」

「うちはなぎと呼ばれとる」

「ほう、なぎとな。して、誰が名づけた?」

「いつもいつも海が凪いで、ようけ魚がとれるよう、じいさまがなぎという名前を付けたんじゃと」

「なるほど。いかにもよい名である」

殿様はなぎを側室にしたいと思い、御殿に連れ帰ったが、野生児のなぎは十日後、村に逃げ帰った。殿様はなぎを側室にするのは諦めたが、鹿島で食べたメジカの味が忘れられず、食膳に出させた。茹でずに焼いたので、脂が焦げ、すこぶる不味い。「メジカは鹿島に限る」と殿様は不機嫌に言った。

落語の「目黒のさんま」と同工異曲、事実かどうか疑わしい。網元の娘なぎの一件も作り話であろう。

正姫と慰めの琴

武芸は千葉佐那の免許皆伝、颯爽と馬を乗りこなし、箏曲にも堪能、種痘のおかげで顔に薄い痘痕しかとどめぬ正姫は、幕末の華麗なプリンセスである。肖像画や写真が残っていないのが残念だが、和歌短冊が伝来している。その筆跡は他の姫君が連綿流麗に運筆しているのに比べ、大胆に墨継ぎし、いかにも闊達である。

安政五年（一八五八）十月十五日、二十歳の正姫は島原藩六万五千石の五代藩主松平忠精《ただきよ》の継室として嫁いだ。

正姫の婚礼行列に用いられた乗物は、元々は六代村壽夫人順姫（鑑照院）の婚礼道具で、順姫の実家仙台藩上屋敷が類焼したので、宇和島伊達家が誂えた。このお駕籠は、七十三年後、正姫の婚礼に再利用された。正姫は「お顔も知らない鑑照院様（順姫）のお古なんて嫌です」とは言わなかったであろう。

この乗物は明治以降、島原松平家から海外に流出し、流出したことで太平洋戦争の空襲を免れた。

正姫和歌短冊
くもりなき君が
心の友と見て
行くあきなれぬ
里の夜の月

現在は八王子の東京富士美術館に所蔵されている。

島原藩邸は数寄屋橋付近にあったので、正姫は「数寄屋橋奥方様」とよばれた。ところが、新婚わずか半年後、数え二十八歳の忠精は国許の島原で病没した。正姫は剃髪落飾し、真鏡尼となった。急遽、宗紀の五男で正姫の弟の忠淳が島原藩主に迎えられる。幼い頃から利発で、宗城が可愛がった永麿である。しかし両家はよくよく縁がなかったのか、翌年、忠淳は早世した。死因は脚気衝心、まだ十八歳であった。

春山（宗紀）は若くして真鏡尼となった正姫を慰めるために、伊達家出入りの琴師に製作させた豪華な琴を贈った。また、追悼の詞を作り、山木検校に作曲させた。山田流箏曲の名作「松風」で、現在も山田流の発表会などで演奏される。

真鏡尼は夫の菩提を弔いながら、明治四年（一八七一）四月、三十三歳で亡くなった。墓は島原市の本光寺にある。島原松平家には正姫の婚礼持参品が大量にあったはずであるが、本光寺に長持一棹、食膳などが残るのみである。慰めの琴も所在不明。

竹雀紋竪三引両紋牡丹唐草蒔絵女乗物

町医者岡太仲は女好き

吉田に岡太仲《たちゅう》という町医者がいた。漢方医であるが、卯之町の二宮敬作とも親しく交友した。その洒脱な人柄が吉田藩の重役に気に入られ、酒席に招かれ、行楽、湯治、社寺参詣に同行した。狂歌をひねるのが趣味で、随所に狂歌を詠み込んだ紀行文、見聞録を書き残している。

太仲は食いしん坊・酒好き・女好きで、日記に食事の内容、酌をする女性の名前・年齢・容姿など記し、ときには似顔絵まで素描している。

なかなかの名医である太仲は、藩主帰国の御迎え船に船医として乗船した。万延元年（一八六〇）の「大坂御迎船海上往来」は、八代藩主伊達宗孝《むねみち》の吉田帰国にあたって、吉田・大坂間を船で往復した道中記である。

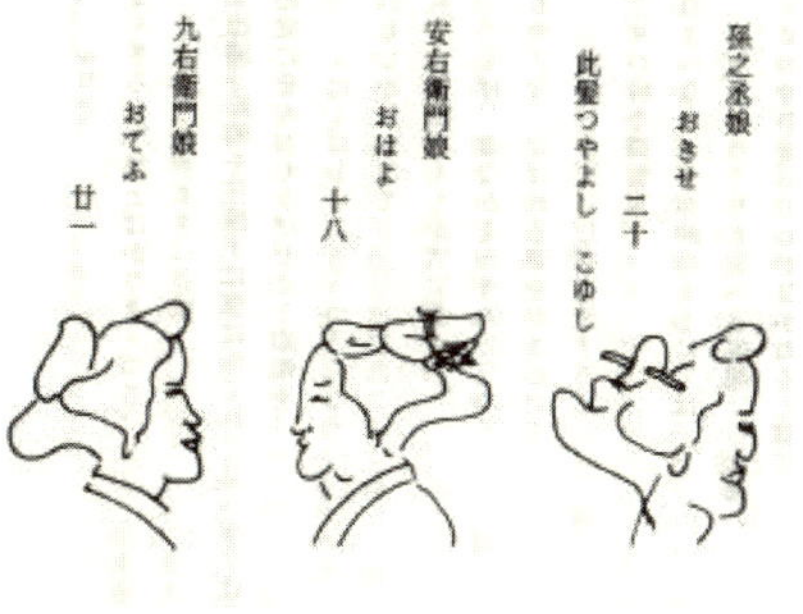

岡太仲による似顔絵

吉田出港は四月十五日、船団は十二艘。太仲の乗る豊後丸には十八名が乗船していた。十九日、太仲は退屈紛れに噂話に興じる。吉田のある人が裡町の倉田屋（宿屋か）で、女との房事の終わりに馬乗りになり、馬がはねるような動作をした。はずみで女に睾丸を蹴られ、あまりの激痛に悲鳴をあげ、隣近所から人が駆けつけ、大騒ぎになった。太仲は「実に珍しい話を聞いたので記す」と日記に書き留めた。

二十二日、讃岐琴平金比羅宮に参詣。昼食は名物のうどんと酒。江戸と大坂から芝居が来ていた。怪力、火吹き芸、生き人形の見世物もあった。太仲が気になったのは男女の営みの見世物である。興味津々だったが、結局、観なかった。多度津の宿に帰った太仲は、

「四文も出して他人の楽しみを見るいわれはないし、こちらにもどうぞというわけでもないから、この木戸には入らなかった」と負け惜しみを書く。

二十六日、船団は早朝に帆をあげ、播州赤穂の沖を通る。「ちらちらと朝見ていても播州の　赤穂の城は白う見えけり」と一首ひねる。播州を晩にかけて朝と対比させ、「赤穂の城」の赤と「白う見え」の白も同様。太仲会心の一首か。

明石に寄港すると、太仲は擂鉢《すりばち》屋を訪ね、薬草を擂る擂鉢を六つ、薬湯を煎じる雪平五つを購入した。当時、明石と堺は擂鉢の名産地であった。擂鉢屋の可愛い娘が「お客さん、吉田の人かえ?」と恥ずかしそうに訊く。太仲はさっそく、「吉田かと聞きて娘が袖屏風　顔も赤し《明石》に買いしすりばち」と一首。

二十七日、船団は大坂の安治《あじ》川に入港したが、待てど暮らせど、藩主一行は現れない。江戸からの飛脚便で「殿様は帰国しない」との報があり、船団は吉田に引き返した。

奥女中染川の選択

奥女中染川は五代藩主村候の三女貞に仕え、その後伊達家を離れたが、嘉永五年（一八五二）に七代宗紀夫人観姫の老女となった。染川の給金は年一〇両、宗門は日蓮宗長運寺、世話人は川越藩士松田良兵衛、身元保証人は麻布飯倉町五丁目竹屋庄右衛門の奉公人みね。染川は江戸の町人階級の出と考えられる。

文久二年（一八六二）閏八月二十一日、幕府は参勤交代制度を緩和し、諸大名の参勤は三年に一度、江戸に百日滞在すればよいということになった。同時に、大名家の夫人は夫の領地で暮らすことを許された。宗紀夫人観子、宗城夫人猶子、宗徳夫人佳子、いずれも宇和島に住むことになった。

染川は二つに一つの選択を迫られた。観姫のお供をして宇和島に行くか、お暇を願うかである。宇和島に同行する奥女中には支度料が支給された。老女三〇両、老女助二八両二分二朱、若年寄二五両二分二朱、若年寄助二三両二朱、中﨟二一両三分一朱、御小姓二〇両三分二朱、表使二〇両。

文久三年一月四日に観姫が、四月二十六日に猶姫と佳姫が宇和島入りする。染川は三〇両の支度金を与えられ、住み慣れた江戸を離れて宇和島に移った。観姫は明治三年（一八七〇）十二月十八日、宇和島で亡くなる。享年七十二歳。観姫の御奥の解体にともない、染川が東京に帰ったのかどうか、不明である。

嘉蔵、江戸へ

文久二年（一八六二）十月、嘉蔵（前原喜市）と子の喜作は江戸に赴いた。長州藩は英国から一二万ドルで蒸気船を購入したが、操船できる者がいない。この頃、長州藩に仕官していた村田蔵六が、伊達宗城に嘉蔵の江戸派遣を要請したのである。

江戸への初めての旅であるが、嘉蔵は瘧《おこり》（熱病）の病後だったので、東海道の旅は苦しかった。おりしも東海道の宿場は、夫の領国に移住する西国大名の夫人の行列で大混雑していた。

「此時、諸国大名様方奥様御帰国ニ相成、道中宿支《やどつかえ》になり難儀候事度々。道中筋右諸国奥方様御帰宅又ハ御迎え人々、人馬も差支《さしつかえ》」

と嘉蔵は自伝に書いている。わずかな言及ではあるが、文久二年秋の東海道の状況を物語る貴重な証言である。嘉蔵は「道中宿支」で宿泊に難儀し、「人馬も差支」で駕籠も馬も利用できず、両杖を突いて歩いた。

江戸で蔵六・琴子夫婦に久々に会い、長州に向かう蒸気船壬戌丸（自伝では戌亥丸）に乗り組んだ。長旅で衣服が着古しになり、船の罐焚きよりみすぼらしい格好をしていたので、食事も粗末にされた。蒸気船が長州下関に着くと、操練所に案内され、御馳走にあずかった。前原父子は十七両を下賜され、二月七日、宇和島に帰国した。

佳姫の宇和島暮らし

江戸から宇和島へは、順調にいっても、およそ一カ月前後の長旅である。実用的なお駕籠に佳姫は乗っていたのだろうが、乗りっぱなしではない。悪路や坂道などでは降りて歩かなければならない。

宇和島藩は参勤交代に三百ないし五百人の行列を仕立てたが、佳姫のお国入り行列も、護衛の侍、奥女中、医師、大量の荷物の運搬人など大人数である。旅程が一日延びれば、それだけ旅費も嵩む。だから、旅を急いだ。

大坂では中之島の大坂屋敷に宿泊するが、旅の疲れを癒やすいとまもなく、船に乗る。船酔いすれば、瀬戸内海の美しい島々を眺める余裕もない。宇和島に着いた佳姫はただただ疲れ果て、何の感慨もなかったかもしれない。

文久三年、佳姫は宇和島で初めて眺めた八月十五夜の名月を、

もてはやす秋のさなかの月なれば　四方《よも》に満ちたる光とぞ知る

と詠んでいる。観姫、猶姫、佳姫、打ち揃って宇和島の月を賞《め》でたのであろう。

佳姫和歌懐紙

南国宇和島も冬は雪が降る。山があり、海がある宇和島の四季を佳姫は楽しんだ。翌る慶応元年、佳姫は猶姫と一緒に家老神尾帯刀の別邸の庭で筍掘りをし、宇和津彦神社の秋の祭礼を見物している。宇和島の田舎暮らしは新鮮な体験であっただろう。

伊達宗城の三人の側室

宗城の江戸の側室大岡ゆか（遊賀《ゆか》、のち多川）は、幕府旗本大岡岩次郎の長女。伊達家では「御相伴女中」とよばれる側室より格下の扱いで、中老を経て若年寄格で終わっている。宗城の日記にはほとんど言及がない。

嘉永六年（一八五三）に三男武丸、安政二年（一八五五）に四男義麿、安政六年に五女操、以上の二男一女を産む。武丸は安政元年六月二十三日、生後九カ月で死亡し、「五半時過、武丸よふじやふ（養生）叶わず死去いたし、何とも申しよふなく残念残念、かなしく存じ候事」と宗城は日記に書いている。五女操も夭折した。

四男義麿については、安政三年の日記に、「花火たて、よしまろ（二歳）大よろこび」「よし参る。此方膝（私の膝）へうま（馬乗り）いたし大さわぎ」「よし一昨日より一人歩き始め、今朝など十歩ばかり歩く」「よし表（表御殿）へ参り、人みず（人見知り）も大いに直り、遊び候事」などの記述がある。子煩悩な宗城は義麿と一緒に昼寝をし、おんぶして庭を歩き、入浴させ、凧揚げを見せたりしている。

御相伴女中の武田栄《しげ》（栄浦）は天保元（一八三〇）年五月五日、京都生まれ。十五歳のとき、宗城の側室となる。宗城の十二歳年下で宗徳とは同い年。

弘化三年（一八四六）、十六歳で長女（享年一歳。名前はない）を産んだ。嘉永二年に家臣武田家の養女となる。嘉永三年に宗城の長男保麿（幸民）、嘉永五年に二男経丸（宗敦）、安政元年に二女初を産み、中老になり、栄浦と名乗る。

安政三年に三女敏、安政五年に四女理《みち》を産み、安政六年に老女となる。安政七年に六女照（凞）、文久元年（一八六一）に七女順、文久三年に八女定、慶応元年（一八六五）に五男忠千代、慶応二年に九女幾、慶応三年に三十七歳で六男五十若を産んでいる。二十一年間で十二人を出産しているから、よほど健康な女性だったのであろう。

宗城は江戸参勤で一年ほどは宇和島の子女とは会えない。宇和島に帰国すると、以下のようなことがあった。

嘉永六年五月二十九日「保麿（三歳）いささか遠慮にてそばにも近寄らないので、手遊びを見せたり、永麿（十歳）と栄（二十三歳）を呼んであやす。何か合点のいかないようす。経丸（一歳）は少しも嫌がらず、そばで遊ぶ」

安政二年三月三日「経丸（三歳）は少々見忘れたのか、そばに来ない。手遊びを見せると、ようやく近づいてきたが、いまだ怖きようす也」

―宗城は子供好きなだけに、顔を忘れ、怖がって近寄らない保麿や経丸に困惑している。

側室の外出は原則禁止であったが、栄は外出を許され、幾島と一緒に松尾峠を越えて津島の岩松へ行き、岩松川の鮎獲りを見物したり、目黒の滑床渓谷の滝見物、八幡浜への塩湯入湯をしている。これらは少なくとも数日を要した。また、京都から訪ねて来た実母いと、武田家の養母との三人で舟遊びをしている。

女人禁制の城を見物し、各神社の祭礼見物もした。中老の為井が保麿と経丸の名代として七社参りをしたいと願い出ると、栄も側女中の雪をお供に社参した。花火見物や人形芝居見物もしている。
明治二年（一八六九）四月、京都に滞在していた栄は、子供たちを連れて東京に移住した。九月五日、「胸間閉塞」により八丁堀屋敷で死んだ。まだ三十九歳で、あまりの多産が寿命を縮めたようである。

梅村和（和浦）は嘉永五年十二月一日生まれ、宗城の三十四歳年下である。父は江戸猿若町の商人梅村正三郎。栄浦の死去以前から宗城の側妾に迎えられていたが、和が宗城の日記に登場するのは明治になってからで、明治三年十一月二十三日の宗城の手帳に「和がまた流産し、残念〳〵〳〵〳〵〳〵〳〵」と残念が十回も繰り返され、産後の肥立ちがよいので「安悦した」とも書かれている。

明治五年、十九歳で宗城八男宗倫《むねみち》、翌年に十女瑤《たま》、明治七年に十一女（生まれた日に死去。名はない）、明治九年に十一男方正《のりまさ》、明治十一年に十二女泰、明治十三年に十男宗曜《むねてる》、明治十四年に十二男廣城《ひろなり》、明治十六年に十二女幸、明治十八年に十一男善重、明治二十四年に三十八歳で十四女国、以上五男五女を産んでいる。和については明治時代篇で詳述する。

放蕩大名と姦婦

吉田七代藩主伊達宗翰は男子に恵まれず、幕臣山口直勝の三男を養子に迎えた。八代藩主宗孝である。山口直勝の二男が伊達宗城であるから、宗城の弟である。

宗孝は放蕩・奢侈、政務怠慢、佐幕活動によって幕末の吉田藩を危機的状況にした。宗孝の奢侈は具体的な記録がないが、藩庫が枯渇すると領民に重税を課し、富商・富農に献金を命じ、鴻池、加島屋、泉屋など大坂の豪商から借金を重ねた。

一流好みの宗孝は、日本一と謳われる料理人石井治兵衛を料理方に迎えている。幕府が高禄で召し抱えようとしたが、「公方様の千石より吉田様の三人扶持」といって相手にしなかったという。宗孝には人を魅了する何かがあったのかもしれない。

宗孝の正室勵《れい》（日向佐土原藩主島津忠徹《ただゆき》の娘）は男子を産んだが、早世した。子を生《な》した側室は三人いて、中大路八十《やそ》が女一人、近藤保野《ほの》が男四人・女五人・不明一人、大畑茂が男五人・女四人を産んでいる。

嘉永四年（一八五一）、吉田の側室中大路八十が宗孝の長女於信を産むと、宗孝は信姫を溺愛した。しかし、宗孝はしだいに八十を遠ざける。その理由に、江戸の側室保野の画策があったと推察される。

文久三年（一八六三）一月六日、吉田藩の重臣たちから宗城に申し出があった。宗城の二男経丸（九歳。母は栄浦）を、宗孝の三男鏞之助（生後三カ月。母は保野）の順養子に迎えたいというのである。順養子とは、養子に入った者がその家の男子を養子にすることである。宗孝の長男と二男は夭折していた。

吉田家中では、保野が娘の鉡《はな》（三歳）に婿を迎えて次期藩主に据えようと企んでいると噂され、御家騒動の状態であった。重臣たちは宗城に以下のように訴えた。

「保野は姦婦で、信姫様（十歳）を毒殺しようとしています。われわれは気をつけていますが、食事に箸をつけなかった信姫様が、親の前で食を控えるとは何事か、と殿様に叱られたことがありました。同席していた役人が、ゆくゆくは諸家との交際もなさることですから、食を控えめにされるのはよいことです、と執り成したのですが、この役人は左遷されました。

保野も自分の身に危険を感じており、食事には神経質になっています。保野は娘の鉾の威勢を信姫様より高めようと、あれこれ画策しています。また、江戸好きの保野は、殿様に吉田への帰国を促した郷六恵左衛門を憎んで讒言《ざんげん》し、郷六は隠居させられました。このような状態ですから、経丸様を養子に迎えなければ、吉田の大乱は必定です」

宗城はこの申し出に当惑し、実兄の幕臣山口直信に相談した。結局、経丸の養子の件は実現しなかった。経丸はのちの伊達宗敦で、仙台藩十三代藩主伊達慶邦に男子が育たなかったため、養子に迎えられた。

老女綾瀬と歌人逸女

秋田の湯沢に後藤逸女という歌人がいた。文化十一年（一八一四）十二月二十三日生まれ、十五歳で結婚して一子寅吉を授かったが、まもなく夫と死別。和歌が得意で、藩主佐竹義厚の目に止まり、湯沢と秋田藩邸を往復して歌道に精進した。天保五年（一八三四）、二十歳のとき、江戸藩邸に招かれ、老女綾瀬に仕えた。

逸女は奥女中に和歌を教えていたが、嘉永元年（一八四三）、父の病気により湯沢に帰郷した。以後、綾瀬とは手紙をやりとりする。安政三年（一八五六）、佳姫の結婚によって綾瀬以下の奥女中が宇和島藩江戸屋敷の奥女中になると、逸女は綾瀬と書簡や和歌を交換した。

元治元年（一八六四）、宇和島の佳姫の奥女中のうち十二人が秋田の逸女に和歌を贈っている。「伊豫國う和嶋御奥女中大小吟」である。大小吟というのは、歌の中に大小および十二支を詠み込んだ遊戯的な和歌である。冒頭の一首だけあげておく。


小野の山去年《こぞ》降りつみし雪の中に　色を争う白うさぎかな

加をり子

大小に「小野の山」、十二支に「白うさぎ」を詠み込んでいる。以下、多摩子、瀬津子、多屋子、津満子、喜美子、花子、小枝子、綾子、加年子、のぶ子、歌子と続く。すべて子が付くが、歌を詠むときの雅号である。

大小吟の贈り主は佳姫であるが、取り仕切ったのは綾瀬であろう。元治元年は新撰組の池田屋襲撃、禁門の変、下関戦争、第一次長州征伐などで世情は騒然としていたが、宇和島では奥女中たちが優雅に和歌を競作している。後藤逸女は明治十六年（一八八三）、湯沢で没した。享年七十歳。

イネ、伊達家の医師に

安政六年（一八五九）七月八日、六十三歳のシーボルトが長男アレクサンダーを連れて再来日し、たき・イネ・敬作は三十年ぶりの再会に感涙した。しかし、シーボルトはたきとの同居を拒み、十九歳の家政婦しおを妊娠させ、たき・イネ母子とシーボルトとの関係はしだいに険悪になった。

文久元年（一八六一）三月、シーボルトは幕府の外交顧問に迎えられ、アレクサンダーと三瀬諸淵（周三）を連れて江戸に出たが、シーボルトはロシア贔屓だったので、オランダ公使の幕府への圧力により、四カ月で顧問を解雇された。

長崎で諸淵から日本語を学んだアレクサンダーは、英国公使館に通訳として雇われた。シーボルトの通訳兼秘書の諸淵は、幕府の外交機密を知る危険人物として大洲藩邸に幽閉された。

文久二年三月十二日、二宮敬作が甥諸淵の身の上を案じながら病没し、四月九日、失意のシーボルトは日本を去った。四月十六日、諸淵は佃島監獄に収監された。

それから三年、諸淵の釈放の見込みはなかった。長崎に遊学していた宇和島藩士大野昌三郎の勧めで、イネは伊達宗城に窮状を訴えることにした。三十七歳のイネは十二歳のタダを長崎に残し、大野昌三郎と宇和島に向かった。

元治元年（一八六四）年三月二十二日、イネは大屋形様伊達宗城と屋形様伊達宗徳に拝謁した。宗城は即断即決でイネを伊達家の医師に迎え、長崎のタダを猶姫の奥女中に迎えることにした。

イネは城下に開業することを許された。イネは二宮敬作とポンペ譲りの外科の名医であり、ボードインに学んだ当代一流の眼科医でもあった。楠本医院には日夜、患者が殺到した。

猶姫の御小姓女中となった十二歳のタダは高子と名を改め、宗城猶姫夫婦、宗徳佳姫夫婦に可愛がられた。高子の勤めぶりは、昭和十年（一九三五）、八十三歳の高子の書簡（長井石峰宛て）に記されている。

御殿にあがったとき、「御前苞《おまえづと》」という頭頂部に二つの輪を結ぶ稚児髪をしていたが、まもなく御殿島田に変えた。日々、忙しく立ち働いていたので、短めの袖の着物を着た。祝い事のある日や、猶姫が外出する日は、縮緬地に花模様の振袖を着て、帯を「やの字」に結んだ。猶姫の外出の際は、御守り刀、銀の煙草盆、日傘、槍、長刀、道具類を捧げ持つ奥女中が従い、「その美々しいことは筆紙に尽くし難い」と回想している。

高子は獄中の三瀬と文通し、相聞歌を交換するなどしていた。

大野昌三郎

楠本イネ

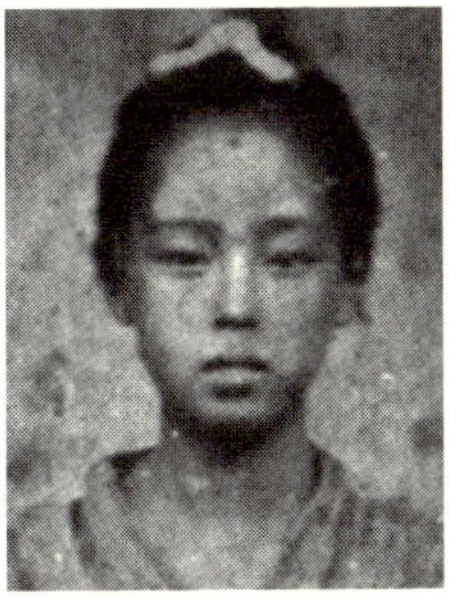

少女の高子

高子　待ち待ちし母屋の軒端のさくら花　今日うれしくも咲き初めにけり
諸淵　待ち待ちて咲き初めにたるさくら花　四方に匂はす風も吹かなむ

宗城と大洲藩主加藤泰秋の釈放運動の甲斐あってか、慶応元年（一八六五）八月、三瀬諸淵は佃島監獄を出獄した。大洲に帰郷した三瀬は実家麓屋で静養した。高子は「いつしかと思ひ思ひし白菊のやや咲き初むる花を見るかな」と再会を心待ちにした。

宗城が加藤泰秋に懇望し、十一月二十二日、諸淵は宇和島藩の洋学者に迎えられ、神田川原の谷川（下級藩士の居住区）のイネの借家に移った。高子は宿下りし、猶姫に化粧をしてもらい、縮緬に花模様を縫い込んだ振袖にやの字の帯を結び、奥女中三人が付き添い、駕籠で帰宅した。あいにくの雨で、「宿下がりするに限りて降る雨の　猶うらめしきけふのあはれさ」と高子は和歌を詠んだ。

長崎から来ていた祖母のたきは華やかな御殿女中姿の高子を見て、「これがタダか、あのおタダか」と驚いた。高子は、三瀬の両手の爪が佃島監獄の薬湯煎じの課役で黒ずんでいたので、「嬉しいやら悲しいやら、この日のことは忘れ難い」と回想している。

唐饅頭がお気に入り

慶応元年（一八六五）閏五月二十二日、十四代将軍家茂は第二次長州征伐のために大坂城に入城した。十三代将軍家定の未亡人天璋院（篤姫）が、大坂城の家茂に羊羹二種（猩々羹《しょうじょうかん》、難波羊羹）と唐《とう》饅頭《まんじゅう》を送った。家茂は大の甘党であった。本来、家茂に陣中見舞いを送る立場にあるのは夫人の和宮であるが、下情に疎い和宮に代わって天璋院が吟味したのであろう。

伊達宗城は酒好きであるが、煎餅、落雁、かすていら、まるぼうろ、蕨餅、白玉なども好んだ。側室の栄が宇和島から江戸の宗城に送った食品に、薯の粉、しらす、青海苔、するめ、焼きはぜ、鰯の干物などがあり、唐饅頭も送っている。唐饅頭は日持ちがよいので、江戸の天璋院は大坂の家茂に、宇和島の栄は江戸の宗城に送ったのである。

現在、唐饅頭は南伊予で作られている。幼児の掌《てのひら》の大きさで、形は小判型か円形、厚さは一センチに満たない。黒砂糖餡あるいは柚子餡が詰まっている。外皮に胡麻を振ってあるものもある。香川県観音寺市でも作られ、菓子職人が長崎のオランダ人から製法を学んだという。長崎と佐賀、愛知県常滑市に「一口香」「逸口香」という郷土菓子があり、味は唐饅頭に似ているが、形は扁平な球形で、その名の通り一口サイズ、中は空洞である。

宇和島の唐饅頭は、明治の初め、追手通りの清水閑一郎本舗が本格的に商品化し、品質がよいので宮内省に納められた。缶に密封して賞味期限を長くしたものが軍に納入され、日清・日露戦争の前線にも送られた。「清水の唐まん」は宇和島を代表する銘菓だったが、平成になって清水閑一郎本舗は廃業した。

猶姫の死と高子の結婚

慶応二年（一八六六）正月二日夕刻、猶姫は嘔吐し、意識障害に陥った。年頭行事はすべて中止された。二月十八日午前五時、猶姫は息をひきとった。高子は「身もともに死なんとばかり思ほえつ仕えまつりし君に遅れて」と和歌を詠んだ。

三月下旬、三瀬諸淵（二十六歳）と高子（十四歳）の婚礼があった。猶姫の喪に服して政務と国事活動を休止した宗城が、二人の結婚を急がせたと思われる。媒酌人は家老松根図書、式場は南御殿の天赦園。高子と三瀬、イネとたきにとって生涯最良の日であった。

四月、イネはたきを連れて長崎に帰郷した。六月になって英蘭学稽古所が開設され、三瀬諸淵が教授となり、宇和島の青少年約七十名が学んだ。

六月二十四日から七月二日にかけて、宇和島に英国公使パークスとその家族が乗る英国東洋艦隊三隻が来航した。パークスはいくつかの大名家に訪問を打診したが、訪問を受け入れたのは薩摩藩と宇和島藩だけであった。血の気が多い攘夷藩士の跋扈する土佐藩などは、呼びたくとも呼べず、山内容堂は臍《ほぞ》を噛んだ。

艦隊受け入れには、長崎に出張した家老松根図書、薩摩藩士五代才助（のち友厚）による事前の根回しがあった。横浜を出港した英国艦隊は長崎に寄港し、松根図書は六月四日から六日にかけて、楠本イネ、イネの弟で英国通訳官のアレクサンダー、五代才助、英国公使パークス、キング副提督、長崎奉行らと面談し、英国艦隊の宇和島来航が決まった。

五代才助は長崎で宇和島藩への情報提供、武器購入の斡旋などをしていた。英国艦隊の宇和島訪問を後押したのは、宇和島藩を長州攻撃（第二次長州征伐）に参戦させない意図があった。この年の一月、薩摩と長州は同盟の密約を結んでいた。

高子、軍艦に乗る

旗艦プリンセス・ロイヤル号、砲艦サラミス号、測量艦サーペント号からなる英国艦隊は鹿児島を訪問したあと、宇和島に来航した。長州攻撃のために佐田岬の三机に滞陣していた伊達宗徳以下の宇和島軍は、艦隊応接を口実にして陣払いした。

プリンセス・ロイヤル号

六月二十四日午後五時過ぎ、プリンセス・ロイヤル号が投錨し、号砲を轟かせた。黒船を見ようと、人びとが港に押し寄せ、高台や山に登った。宇和島の住民は初めて見る異人たちに興味津々、街を歩く水兵に果物を差し出す者もいた。

二十五日と二十六日、宗城と宗徳の両殿様は乗艦し、黒船見物をした。図書の嫡男松根内蔵（のち権六）が英語のできる大野昌三郎、三瀬諸淵、萩森厳助（諸淵の門人）を従えて乗艦し、三瀬の通訳は高い評価を得た。プリンセス・ロイヤル号は一般公開され、老いも若きも群れをなして乗

パークス

艦した。

パークスの乗るサラミス号は下関に寄港し、二十五日と二十六日、パークスとフランス公使ロッシュが幕長戦争終結について会談した。実際は英仏の腹の探り合いで、結論をみなかった。

サラミス号は一路、宇和島をめざしたが、豊後水道が荒れており、宇和島城下の南、津島組下灘の須下《すげ》に避難した。須下湾も波が高く、穏やかな鼠鳴《ねづなき》に停泊した。上陸した英兵はイカや野菜を高値で買い、村人が担いでいる担い棒を槍と勘違いして驚き、近寄ってくるお歯黒の女を追っ払い、白い歯の若い娘を盛んに手招きした。

二十七日午前十時、サラミス号が宇和島に入港し、伊達家の女性たち約三十人が軍艦に乗った。両殿様はパークスに家族を紹介した。鹿児島では見られなかったこの西洋風の応接はパークスを非常に驚かせた。

三瀬諸淵と高子は、通訳官のアレクサンダーと久しぶりに再会した。高子もサラミス号に乗艦し、晩年の手紙（昭和十年、長井石峰宛て）に、

「奥女中たちは懐剣をしのばせ、覚悟を決めて乗艦したが、英国水兵の親切な応接に拍子抜けした。甲板で水兵が洗濯をしており、泡が出ているのを見て、シャボン（石鹸）というものを知らぬ奥女中たちは驚いた。煙草を喫うときマッチに火をつけるのを見て、異人の爪先から火が出ていると怖がった。貫禄のある艦長に立派な艦長室に連れて行かれ、豪華な布や宝石、腕輪などを贈られた」

とある。

二十八日、両殿様は家臣約百人とともにプリンセス・ロイヤル号に乗り、艦上操練、砲撃訓練を見学した。艦上での饗応のあと、パークス一家、キング副提督以下の高級士官たちが上陸し、南御殿に向かってパレードした。パークス夫人と令嬢は駕籠に乗り、前後に宇和島藩鉄砲隊と英国騎馬隊が隊列を組み、威風堂々と行進した。

明心楼

ウィリス

英国公使館医師ウィリアム・ウィリスは、「人々は素朴で幼稚」「礼儀正しい」「乗馬の行進が馬鹿げていて面白かった」「艦長が海に落ち、到着後、日本の着物に着替えたり、色々と出来事があった」と姉ファニーへの手紙に書いている。
天赦園の明心楼での大宴会は日本料理と日本酒。この宴席には両殿様の家族と奥女中、家老と夫人も着飾って同席した。ウィリスは「彼女たちは白粉を塗りたくり、非常に派手な着物を着ていました」「皆、とても楽しそうで、あれこれと滑稽なことをするのでした」と記している。
やがて、太刀を掲げた小姓を従えた春山が登場し、ウィリスの健康診断を受けた。特に異常なし、もし不調であればそれは年齢によるものである、という診断結果に一同は祝杯をあげた。

ウィリスは、宇和島の宴会が五時間を超えた鹿児島ほど長くなく、会場を自由に歩き廻れるのが快適であったと記し、若い海軍少尉候補生たちが遠慮なく煙草を喫い、会場の片隅で女性たちを口説いていたことを姉への手紙に書いている。ウィリスは「宴席は暗くなるまで続き、若い女性たちによって歌われる奇妙な音楽を聴きました」と書いている。演奏には高子も加わっていただろうか。

パークスは熱烈な歓迎にも感激したが、噂にたがわぬ宗城の英明ぶりに接することができたのが収穫だった。

伊達宗徳、佳姫、老女綾瀬が、紅葉を描いた屛風の前で写っている写真がある。幕末の藩主夫妻と侍女を同じ構図で撮影した、非常に珍しい写真である。英国艦隊のカメラマンが撮影したのではないかと考えられるが、高子晩年の手紙（昭和十年、長井石峰宛て）に、「この写真は私の母（イネ）が宇和島の御殿で御写し申し上げ、大切にしまっていた写真です」とある。

この頃、長崎で写真術を学んだ三瀬諸淵が宇和島で多数の人物を撮影しているが、イネが撮影した

伊達宗徳

伊達桂子

老女綾瀬

というのはにわかには信じ難い。しかし、イネも長崎で写真術を学んだ可能性があり、あり得ない話ではない。

アーネスト・サトウ来る

パークス来航の半年後、英国書記官アーネスト・サトウが軍艦アーガス号で宇和島に来た。兵庫開港を説得する、日本の内紛に英国は関与しないことを伝える、京都で予定されている大名会議に関する宗城の動向を確認する、以上がサトウの目的であったが、表向きは新年祝賀である。「時は新年の初めに御座候は　朋友互いに祝詞を通じ申すこと　欧羅巴国民の風儀に御座候」と始まる新年賀詞を三瀬諸淵が翻訳した。

アーネスト・サトウ

松根内蔵はサトウの応接にも活躍し、サトウは「二十歳くらいの紳士然」とした内蔵が時局について語り、その態度は堂々としていたと述懐している。

宇和島に来る前、アーガス号は長崎に寄港し、サトウは楠本医院を訪問した。若い宇和島藩士の先客がいた。この年の九月十日（一八六六年十月十八日）、シーボルトがミュンヘンで客死した。「四十歳になる美しい顔立ちの、ヨーロッパ人の面影はほとんど見られない」イネに、サトウはシーボルトのお悔やみを述べた。すると、イネは父から与えられた医療用具や薬品を丁寧に並べて見せた。

ためらいもなく産科の器具を見せるイネの無頓着さにサトウは微苦笑を禁じ得なかった。異母弟アレクサンダーの同僚で、日本語を達者に話す、若くてハンサムなサトウにイネは心をゆるしたのか、父シーボルトが使用人（しお）を孕ませたことを語った。

四日後、再び楠本医院を訪ねると、宇和島藩士の井関盛良《もりとめ》、尾川半左衛門がいた。二人はサトウと政局に関する長い質疑応答をした。楠本医院は、宇和島藩のいわば長崎出張所になっていた。

サトウは薩摩藩を表敬訪問したのち、宇和島に向かった。

アーガス号は十七発の祝砲を撃ち、樺崎砲台は礼砲をゆるゆると撃ちかえした。砲兵隊長の入江佐吉が礼砲の指揮をとった。両殿様と女性たちはアーガス号に乗艦し、女性たちはものおじせず「ヨーロッパの淑女のように」サトウと会話した。夕刻、サトウは入江宅に招かれた。入江の四人の部下もいた。入江の妻の手料理で深夜まで酒を汲み交わしたサトウは「清潔な布団で快適な眠り」についた。

翌日、英兵と宇和島藩兵の射撃大会が開催され、そのあと、明心楼で祝宴。鹿児島では贅を尽くした洋酒と洋食だったが、サトウはあまり気に入らなかった。宇和島は日本酒と日本食でもてなした。いまにも飛び立ちそうな野鴨があり、両翼の間に焙り肉が載せてあった。大きな鯛や伊勢海老。皿や盃は、佐賀藩渡来の鍋島焼だった。

祝宴では、日本語の達者なサトウに人気が集中した。サトウは「ハレムの美女たち」に次々と酒を注《つ》がれ、賑やかな歌舞音曲を聴いた。佳姫や高子もいて、得意の三味線を弾いたかもしれない。

宗城は英国士官の踊るダンスを見ているうち、ふらふらと立ち上がって一緒に踊り、二人の家老も加わった。このあと、サトウは歩いて数分の松根図書の屋敷に連れて行かれ、図書・内蔵父子と酒を飲みながら歓談し、泥酔して松根邸に泊まった。翌朝、サトウは帰艦し、「午前六時半、軍艦は湾外に出た。私は名残惜しさで胸がいっぱいだ」と記している。

西郷どんを煙に巻く——西郷の恋人豚姫

慶応三年（一八六七）一月、西郷隆盛は四侯会議を京都で開くことを立案した。四侯とは松平春嶽、山内容堂、伊達宗城、島津久光である。会議の議題は、幕長戦争後の長州藩の処分および兵庫（神戸）開港問題である。薩摩藩の思惑は、長州藩の寛大な処分を幕府から引き出し、併せて五年越しの幕府の懸案である兵庫開港を阻止し、慶喜政権の弱体化を図ることにあった。

松根図書

薩摩藩家老小松帯刀が松平春嶽の、西郷吉之助が山内容堂と伊達宗城の説得にあたることになった。二月十三日、西郷は蒸気船三邦丸で鹿児島を出発し、十七日、山内容堂と面会して上洛の約束をとりつけた。二十四日、西郷は伊達宗城、家老松根図書と面談した。西郷が上洛をうながすと、「弊藩は内用不如意、おいそれと上洛はできん」と図書が上京を渋った。

宗城の一度目の上洛は文久二年（一八六二）十二月、孝明天皇の要請によるもので、公武合体派大名や穏健派公卿の結束を図ったが、尊攘派に圧倒され、不調に終わった。

二度目は文久四年正月で、四侯、将軍後見職一橋慶喜、会津藩主松平容保《かたもり》による参与会議に出席した。議題は長州藩処分と横浜鎖港（攘夷実行）であった。慶喜は雄藩を牽制するため、酔ったふりをして「この三公（春嶽、宗城、容堂）は天下の大愚物、大奸物」と中川朝彦親王の前で暴言を吐き、会議はあえなく瓦解した。

上洛には三百人に近い行列を仕立てたから、藩庫は疲弊し、松根図書が難色を示したのも無理はなかったが、「これは御執政のお言葉とも思えず」と西郷は食い下がった。結論をみないまま酒宴となり、

「ときに吉之助とやら、そのほうは京になじみの女はあるか？」

宗城がはぐらかすようなことを訊ねた。

「女？　それはあるにはあいもすが」

重ねて宗城は訊いた。

「して、その女の名は何と申す」

西郷はむっとして、

「それを申し上げても何の役にも立ちもはん。何か為になる話をしてくいやい」

京都の志士は芸妓を愛人にする例が多かったが、西郷のなじみの女は奈良富の仲居お虎、茶屋の女

お末の二説ある。肥満体なので豚姫とよばれていた。大正六年（一九一七）に初演された歌舞伎「西郷と豚姫」では、京都三本木の揚屋の仲居お玉である。

西郷の狙いは、あわよくば宇和島藩を薩長陣営に取り込む、もしくは中立、悪くとも幕府派とさせないことにあった。のらりくらりと煮え切らない宗城に西郷は失望し、中岡慎太郎（土佐脱藩浪士。薩摩藩邸に出入りしていた）への手紙に「宇和島公は賢侯に非ず」と書いた。

土佐出身の文学者大町桂月は著書『伯爵後藤象二郎』（大正三年刊）に、「宗城の中心（心の内）にては上京の覚悟なるも、わざと西郷をして要領を得しめず、中々喰へぬ大名也。宇和島は僅々十萬石の小藩なるが、薩越土の如き大藩主と轡《くつわ》を駢べて中原を騁馳したるは、實に宗城の力量也」と書いている。

大政奉還、王政復古

慶応三年（一八六七）三月五日と二十二日、幕府は兵庫開港を朝廷に奏請したが、薩摩藩の大久保一蔵（のち利通）や、尊攘派公卿岩倉具視の画策によって却下された。三月二十八日、将軍慶喜は大坂城に英仏蘭代表を招き、兵庫を十二月に開港すると口約した。

西郷をはぐらかした宗城は、薩摩から差し回された三邦丸に乗船し、四月十五日に入京した。五月四日から四侯会議が八回にわたって開かれた。まずは長州藩処分を先決し、それから兵庫開港を論議すべし、という島津久光の提案がほぼ同意された。容堂は歯髄炎で欠席を繰り返した。西郷の誘いに「たとえ土佐藩がなくなろうとも、京都で骨になろうとも」と二つ返事で応じた容堂は、内心では薩摩藩を嫌っていた。

五月十四日、慶喜が四侯を二条城に招いた。慶喜の各国代表への兵庫開港の口約を四侯が問題にすると、慶喜は滔々と国際情勢を論じ、開港の不可避を力説した。宴席になり、途中、慶喜の提案で四侯は庭に出て記念写真を撮った。老獪な慶喜に翻弄されたまま酒宴はお開きとなり、悪酔いした宗城は春嶽の肩につかまって退座した。

五月二十三日午後三時、慶喜は御所に参内した。長州問題はとりあえず寛大の処分とし、開港問題を一気に片付けようと意気込む慶喜は、摂政二条斉敬《なりゆき》以下、白塗り・お歯黒の公卿たちと対峙した。宗城、久光、容堂は会議に出るつもりはなく、春嶽だけが五時頃に参上した。二条摂政の再三の要請に宗城は折れ、夜中の十二時頃に参内した。

朝議は夜を徹して続き、全員、疲労困憊して思考力を失った。二条摂政の「幕府の申し立てもよんどころなき事におじゃる」の一言で、兵庫開港が決まった。ここにおいて西郷、大久保、岩倉らは武力倒幕決行に踏み切る。鳥羽伏見の戦いで慶喜が朝敵となるのは、わずか半年後である。

六月、土佐藩の後藤象二郎は、幕府政権返上（大政奉還論）を山内容堂に進言した。この頃、宗城を諸藩の藩士が訪問している。七月二十七日、坂本龍馬と長談したが、その内容は不明。宗城は帰国することにした。宗城は倒幕派に対抗できる勢力を結集させるほどの政治力は持たなかった。

八月十日、宇和島の佳姫が二度目の出産をした。初産は死産であったから、宗徳は万全を期し、楠本イネを長崎から呼び寄せた。藩医野田律斎（村田蔵六の弟子）、熊崎寛哉（華岡流の外科医）とイネが出産に立ち会ったが、またしても死産であった。

将軍慶喜に建白された大政奉還論は、天皇のもとに二院制の新国家をつくるという構想で、徳川家と山内家が主導的に存続する含みがある。十月十四日、大政奉還。慶喜の真意は武力倒幕を封殺することにあった。まさに間一髪、討幕の密勅が下されたばかりだった。大義名分を失った討幕派は混乱した。十一月十五日、坂本龍馬と中岡慎太郎が京都近江屋で暗殺された。

十二月九日、王政復古の大号令。討幕派が反撃に出た。同日夜、小御所会議が開かれ、春嶽と容堂が出席した。慶喜譴責《けんせき》論に容堂は猛反論したが、いつものように酩酊しており、つい天皇のことを幼帝と口にした。この失言を岩倉具視が責め立て、容堂は慶喜の擁護に失敗した。

小御所会議には間に合わなかった宗城は、十二月二十三日、四度目の上京をした。二十八日、宗城は新政府議定職（新政府軍参謀兼務）に任命された。会津・桑名両藩を中心とする旧幕派と薩長討幕派が一触即発の状況にあった。

戊辰戦争

慶応四年（一八六八）一月三日、京都郊外の鳥羽と伏見で旧幕府軍と薩長軍が交戦した。宗城は御所の警備に藩兵を派遣した。四日、土佐藩兵が薩長軍に加勢し、五日、錦の御旗におそれをなした淀藩が裏切り、六日、伊勢津藩が寝返り、一万五千の旧幕府軍は五千の討幕軍にまさかの敗退。慶喜は六日夜、大坂城を脱出し、軍艦で江戸に向かう。七日、徳川慶喜追討令が出された。

一月十一日、神戸三宮神社前で備前（岡山）藩兵がフランス水兵と銃撃戦になり、死傷者はなかったが、現場に居合わせたパークスが激怒し、外交問題（神戸事件）になった。二月十五日、土佐藩兵によるフランス水兵死傷事件（堺事件）があり、三十日には土佐藩士のパークス襲撃事件があった。外國掛の宗城（四十九歳）は続発する攘夷事件の解決に尽瘁した。

直垂姿の宗城

吉田藩も頭痛の種で、佐幕派の宗孝は病気を理由に江戸に居座っている。二月十四日、宗城はもはや一刻の猶予もないと憂慮し、「若狭守殿、いまもって上京これ無く」と始まる直書を吉田の重臣に送った。重臣たちは恐懼し、家臣六十余名（十七名とも）が江戸に向かった。東海道を東征する官軍を避けつつ、昼夜兼行で急行した。家臣たちの必死の諫言に、さすがの宗孝も折れた。四月一日、宗孝の養嗣子鍗之助が宗孝の代理として京都にのぼり、朝廷に表敬した。鍗之助は幕臣山口直信の二男で、宗城と宗孝の甥である。

四月十一日、江戸城が無血開城された。五月三日、仙台藩が奥羽越列藩同盟の盟主となり、賊軍となった仙台藩の存続問題も宗城の課題となった。五月十五日、上野の彰義隊が大村益次郎の巧妙な作戦によって半日余りで敗走した。

この頃、宇和島では佳姫が三度目の妊娠を流産し、血色不良・動悸息切れの傾向が続いていた。五月末日の午後二時頃には昏睡状態となり、翌日の深夜、息をひきとった。三十四歳であった。

佳姫の死を知った宗城は落胆する。宇和島の観姫に書き送った六月十一日付の手紙に、「まことに思いがけぬことで、何とも何とも痛々しく、残念」「寝耳に水で、夢を見ているような気がします」「宗徳が激しく動揺してはいないようなので、それは安心ですが、綾せ様（綾瀬）はさぞさぞと心中が推し量られます」と記している。

宗城にとって、節姫の嫁ぎ先である上総《かずさ》（千葉）飯野藩二万石の存続も深刻な問題であった。藩主保科正益《まさあり》は長州再征の際の幕府軍指揮官であり、朝敵会津藩は親戚である。謹慎処分を受けた保科正益は家老の首を差し出し、罪を許された。

伊達宗徳の退屈日記

慶応四年（一八六八）七月、宗城は宇和島の側室栄浦とその子女、奥女中たちを京都に呼び寄せた。宿所は二条城の北側にある広大な所司代屋敷。最後の京都所司代松平定敬《さだあき》（桑名藩主）は将軍慶喜とともに軍艦で江戸に逃れ、松平家菩提寺の深川霊巌寺で謹慎した。

七月十六日、宇和島から伊達宗徳（三十八歳）が入坂した。賊軍仙台藩への出兵（降伏説得）のためである。翌十七日、宗徳主従は所司代屋敷に入った。この日、江戸が東京と改名された。

二十二日から宗徳は日記（原文は箇条書き）を書く。

七月二十二日　河原治左衛門（家臣）より大鮎献上、嵐山の川で獲れた由。毛利大膳大夫殿（毛利敬親。「そうせい侯」として有名）が来るが、調髪中で会えず。金比羅大権現宮司より使者、氷砂糖一箱到来。藤堂家（伊勢津藩）より多数の魚が大屋形様（宗城）に届く。ほとんど半腐りで閉口した。夕食後、入湯し、供揃えして馬で柳原（公卿柳原前光《さきみつ》邸）に参る。途中、兵隊（官軍）が二大隊ほど通り、道がいっぱいになる。

柳原前光（東征大総督参謀）に初めて会う。お初（宗城の二女、前光の正室）と久々に会う。壮健のようで、愛想がよく、見違える。松根図書と金子孫之丞（家臣）が来る。柳原家の家来二人と老女二人に盃を遣わす。三味線弾きが出る。にぎやかに酒宴。夜中の一時頃、帰る。途中、馬を下りて歩く。帰ってすぐに寝る。

七月二十四日　長州藩邸へ参る。毛利敬親に別間に案内され、茶と菓子出る。色々と話し、帰る。昼食後、読書し、昼寝。若狭守（宗孝）と鍗之助が来る。色々話す。

―前日、若狭守は隠居し、鍗之助が家督を継ぎ、九代藩主伊達宗敬《むねよし》となった。

七月二十六日　朝飯二ツ。家老と若年寄来る。諸役人が追々、目見に来る。髪を結う。御休息（側室栄浦の私室）に行く。初姫殿が長尾（奥女中）を供に来る。昼飯二ツ。忠千代（宗城の六男。三歳。母は栄浦）が何度も遊びに来る。菓子を遣わす。大洲藩主加藤泰秋より鯉二尾到来。桜田出雲（家老）が来る。御休息で酒宴。参加者多く、白歯もたくさんいる。まき十九歳はべっぴん、きくもなかなかのもの。ますとかいう人が熊坂長範（能「熊坂」）を舞う。午後十一時、散会。

—白歯とはお歯黒をしない若い娘のことで、宗徳は白歯の娘が好みだったようである。家老桜田出雲が仙台への出兵を迫るが、結論は出なかった。

宗徳の記述はかなり詳細なので、以下、部分引用とする。

七月二十七日　桜田出雲、松根図書と用談し、仙台出兵を協議する。富島秀子（宗徳の側室。十九歳）の兄小野兵部小輔から蒸し菓子が届く。昼食にシャンパンを飲む。忠千代がまた菓子をねだりに来たので蒸し菓子を与えた。京都に美味いものはないが、一番はあひる（鴨）、二番はうなぎ、三番川魚、四番菓子。

—富島秀子は天保十四年（一八四三）十一月五日、京都生まれ。宇和島で宗徳の側室となり、十代伊達家当主宗陳《むねのぶ》のほか、北白川能久《よしひさ》親王に嫁いだ富子など、九人の子女（うち二人は双子）を産んでいる。大正二年（一九一三）八月二十四日、東京において七十一歳で没した。

七月二十九日　福澤諭吉の『西洋旅案内』を読む。秋田久保田藩が奥羽越列藩同盟を離脱し、説得に来た仙台藩の使者七名を斬首獄門にしたこと、久保田藩は戦下手で、銃器より槍刀の方が多いことなどを記している。

八月三日　雨で外出できないので退屈。長岡藩の徹底抗戦と戦上手について記している。この日、太政官より宗城に「最早《もはや》説得東行ニは不及《およばず》（仙台出兵は無用）」との達しがあった。
八月四日　午後、地図を見ていると足元がごそごそする。梁の下に何かいる。小柄《こづか》を抜いて突き通す。悲鳴が鼬《いたち》の声のようで、小姓を呼んで小柄や錐で突き殺した。その最後屁の臭いこと。いつまでも臭いので香を焚いた。
八月十六日　終日雨。退屈なので寝て過ごす。忠千代が四回も菓子をねだりに来たので、だまして返す。
—宗城は毎日のように御所の維新政府に出勤するので、忠千代は宗徳に菓子をねだりに来る。後日、忠千代は菓子の食いすぎで腹痛。
八月二十日　銀閣寺、金閣寺を見る。柳原邸に寄り、北野脇から西陣、堀川を過ぎ、日没に帰宅。鍋島直大《なおひろ》（佐賀十一代藩主。二十一歳）が来ていた。久しぶりの再会で、ずいぶん大人びていた。休息へ参り、茶菓子出す。酒宴。三月以来、鍋島直大は勤番していたので、久々の女性の酌でご機嫌。「大名は不自由なものだが、家来は自由だ」と宗徳は記している。松根内蔵を呼ぶ。鍋島家の家来も呼び、ビールとシャンパンを出す。十時過ぎ、直大主従は帰り、直ちに寝る。
八月二十一日　宗城が詩仙堂を訪ねるので馬で同行する。石川丈山の見事な掛軸や額などを見る。

裏山で松茸とわらびを取る。瓢箪酒を飲み、弁当。早駆けで帰る。
八月二十二日　桜田出雲と越後出兵について相談、結論出ず。午後、供揃えして御所に参内。直垂《ひたたれ》に着替える。
八月二十四日　馬で松茸狩りに出る。蹴上の茶屋で休み、瓢箪酒と弁当。夕立にあう。
九月三日　大津の三井寺や石山寺に参詣。琵琶湖の広さに驚く。大津の町の立派さに感心。人も多く、美人もいる。
（九月八日、慶応は明治と改元された）
九月十四日　三条木屋町で山内容堂（四十歳）と会う。十年ぶりで大いに見違える。歯も抜け、あごのあたりもよほど肉が落ちている。
九月十五日　三カ月ほど月経が止まっていた栄浦が、昨日から大出血。「出産が余り毎年ゆえ」と宗徳は心配している。
九月十七日　桃井春蔵（四十三歳）がご機嫌伺いに来るが、参内の準備で取り込み中につき、翌朝会うことにする。

―桃井春蔵はかつて江戸で宗徳に剣術を指南した。この頃、大坂に道場を開き、大坂の治安維持にあたる官軍に撃剣を教えていた。立て続けに三十人に稽古を付けるというので、宗徳は感心し、腕にさわると筋肉隆々だった。

九月二十日　宗城が明治天皇の東京奠都に供奉し、京都を出発したので、「誠ニ屋敷内さびしく相成候」となった。
十月三日　宗徳と家臣は大坂屋敷へ移る。
十月四日　川口運上所（外国事務局）を訪ねるが、所長の五代は不在。料理屋（中華料理店か）で羽太周介（五代の部下）と会う。唐人の通訳が出る。
ヲールト（貿易商ウィリアム・J・オールト）を訪ねるが、留守。妻が色々な話をし、写真など見せてくれ、丁寧に説明する。荷物もまだ着かず、何もお見せするものもなく、お気の毒と申す。せりと申す酒（シェリー酒）を馳走になる。この婦人、三十歳くらいであろうか、いたって肌のきめが細かく、桃色で美しい。
ガラバ（貿易商トマス・B・グラバー）邸を訪問。座敷は綺麗な敷物を敷き詰め、蒔絵などけっこうな品々が多数。ガラバは用事とかで出てこなかった。犬が何匹もいて、一匹はよほどよい犬という。猫より大きいくらい。もしガラバに誰かが手をあげれば、直ちに嚙みつくという。毛がふさふさでねずみ色。

—この日、宗徳は川口居留地を探訪した。

翌日、宗徳は帰国の途についた。十月十八日、吉田陣屋に立ち寄り、昼食を供された。「京都はもちろん、大坂でもこれほどの料理はない」と記している。食通の宗徳を唸らせた昼食は、宗孝自慢の料理人石井治兵衛の手になるものであったろうか。―この日、九十日に及ぶ宗徳の京都退屈日記は終わる。

宇和島藩は越後、津軽、箱館への出兵命令に対応できなかった。明治二年（一八六九）五月、宗城は箱館戦争に参戦しなかった責任を問われ、議定職を辞職した。七月、英国からエディンバラ王子が来日した。外国皇族の最初の日本訪問で、外国通の宗城はその接待にあたった。

宗城は民部卿兼大蔵卿に復職し、パークスの協力を得て、鉄道、電信、造幣、灯台など近代化事業に貢献した。明治四年、宗城は全権大使として清国で日清修好条規を締結するが、軍事同盟的な内容を諸外国に非難され、九月二十七日に辞職、政治の表舞台から退場した。

明治時代篇

明治二年の版籍奉還後、大名は各藩の知事になる。明治四年七月、廃藩置県によって全国三府三〇二県となり、年末には三府七二県に統廃合。旧大名は東京に呼び集められ、華族となる。旧幕臣・旧藩士は士族・卒族となるが、困窮する者が多かった。旧大名家の女性たちも、人生は明暗それぞれであった。

伊達宗徳、高子と再会する

明治二年（一八六九）、宇和島藩知事に任命された伊達宗徳は、七月二十一日に東京を出発、帰国の途につき、東海道を辿って八月六日、大坂屋敷に入った。翌日、宗徳を三瀬高子が訪ねた。ほぼ二年ぶりの再会である。「おたかがお酌、そのほか大いに働く。小姓たちは気がきかないので、おたかが来てくれて助かった」と宗徳は日記に書いている。

宗徳は、「明日は周三（諸淵）も連れてまいれ」と上機嫌で言った。大阪府医学校病院の設立に関わっていた三瀬諸淵は、この頃、高子と大阪に住んでいた。翌日、宗徳一行は大阪の町歩きをした。三瀬夫婦も一緒である。繁華なところに写真館があった。風采がよく、お供を従えている宗徳は、写真館の娘に「お殿さま」と声をかけられる。

「二十歳ばかりの娘、お写しになられませんかという。土肥真一郎が、今日は遅くなったからこの次に早く来て写そう、と申す。色々、写真見る。長州の高杉晋作、坂下《ママ》龍馬などの像あり」

土肥真一郎は下級藩士で、この時期、川口運上所の役人をしていた。世情はまだ騒然としており、身辺警護であれば田宮流の剣豪土肥真一郎は適役であるが、大阪暮らしが長いので、名所案内をしたのかもしれない。土肥真一郎、のちの土居通夫である。大津事件によって「護法の神」として知られる児島惟謙は竹馬の友で、二人は城下の田都味道場で剣技を磨いた。文久二年（一八六二）十二月、田都味道場を訪ねてきた坂本龍馬と他流試合をし、龍馬の慨世憂国の獅子吼に感化された。のちに相次いで出郷し、志士として活動する。後年、児島は大審院長になり、土居は大実業家となった。

宗徳一行は川口居留地近くに開業した西洋料理店兼ホテル自由亭に入る。撞球室《ビリヤード》で西洋人が撞球をしていた。宗徳もやってみるが、西洋人のようにはいかない。食事の準備ができた。酒はビール、シャンパン、葡萄酒。メニューを宗徳は書いていないが、「料理は東京よりまずかった」と記している。

一行は松嶋遊郭に新規開業した松鶴楼を訪ねた。宗徳は主人に案内され、各部屋の女郎（娼妓）を紹介される。女郎たちは江戸から来たというが、特に美人とも思えない。

近所にヒウス（貿易商か）という西洋馬術の名人がいて、「夕方はいつも乗馬をしている」と主人が言う。宗徳はこれを観たいと思い、随行の周助（五代が大阪に誘致した造幣寮に出仕していた羽太周介か）を使いにやる。ヒウスは上海に出かけ、不在だった。

土居通夫と児島惟謙

松鶴楼を出た一行は新町を歩き、たそがれの天神（天満宮あたり）に来る。人通りが多いが、格別、美人もいない。ここで三瀬夫婦は宗徳と別れた。宗徳が屋敷に戻って入浴を終えると、高子から鯛が届いていた。

九月四日、大村益次郎が京都で刺客に襲われ、十月三日から大阪府医学校病院に入院し、院長A・F・ボードイン（イネの旧師）が大腿部切断手術をした。

九月下旬、楠本イネは宇和島を訪ね、伊達宗徳に再会し、御殿に三週間ばかり滞在した。東京で産科医院を開業するこ

諸淵・高子夫婦

とを計画していたイネは、二度と宇和島を訪ねることはないと考え、恩人知人と旧交を温めたのである。十一月五日、イネ、高子、諸淵が大村益次郎の臨終を看取った。

翌る明治三年、イネは東京築地に産院を開業した。三瀬夫婦は東京に移住し、諸淵は文部教授、鉄道事業、治水事業に活躍した。

吉田藩の終焉

吉田藩最後の藩主伊達宗敬は明治二年（一八六九）六月二十日、吉田藩知事に任命され、七月十六日、吉田入りした。翌年一月十五日、八代藩主宗孝の娘信姫と結婚。姦婦保野に毒殺されることもなく、信姫は十八歳に成長していた。この年、領内に農民一揆「三間騒動」があり、宗敬は藩兵を出動して鎮圧した。明治四年七月十五日、廃藩置県によって藩知事の任を解かれるまで、宗敬は激動の維新期を乗り切った。

信姫との間に一男二女があり、明治三年に生まれた長男鶴若は、のちに吉田伊達家十代当主伊達宗定（子爵）となる。明治九年三月二十三日、伊達宗敬は宮内省に出仕したが、八月二十九日、二十五歳で病没した。信姫は明治十二年八月三十日、東京で没した。享年二十九歳。

かつての佐幕大名宗孝は、明治天皇の侍従となった。乗馬が得意で、天皇の乗馬の際は陪乗を勤めたという。宗城は宗孝と親しく兄弟の交流をした。明治二十五年の宗城の手帳に、「宗孝と会って八十のことを話した」とある。最晩年の宗城は、宗孝の元側室中大路八十（六十二歳）の老後を心配していた。姦婦保野については記録がない。伊達宗孝は明治三十二年五月二十日、七十八歳で没し、従三位を贈られた。

嘉蔵と七人の妻

明治三（一八七〇）年十月、嘉蔵（前原喜市）は新型の蒸気機関を積んだ「改製蒸気船」に乗り組み、大阪へ向かった。安治川に入港し、大阪滞在中の「従二位様大蔵卿（宗城）」に上覧した。帰途、瀬戸内海で座礁し、周囲に船が集まってきた。偶然、その中に大野昌三郎・悪鬼三郎《あきさぶろう》父子がいたので、嘉蔵は驚いた。大野は東京築地の楠本イネを訪ね、宇和島に帰る途中だった。大野は安政四年（一八五七）頃、身分違いのため正式な結婚はできなかったが、城下本町の飛脚屋の娘と同棲し、生まれた女児を楠本イネにあやかって「イ子《ね》」と命名した。弟の悪鬼三郎はこの頃、八歳。

伊達宗孝

潮が満ちると船は離礁。無事に宇和島に帰着した。嘉蔵の活躍はここまでである。宗城は蒸気船を「無用の長物」とし、松根図書に廃棄を命じた。御船手方は解体され、嘉蔵はすることがなくなった。

明治五年八月、大阪で蒸気船の廻漕の仕事があるというので、大阪に赴いた。仕事の話は世話人の空言で、窮した嘉蔵は大阪府役人の矢野貞興にすがった。かつて長崎でオランダ船「天保録」の購入にあたったときの同僚矢野安芸三郎である。嘉蔵は西洋大鏡の製造を思いつき、材料を少しずつ買い集めたが、ガラスの裏に塗る薬品が工夫できず、製造は頓挫した。

翌る明治六年一月、嘉蔵は暇にあかして自伝を書いた。一月中旬、嘉蔵は仮寓先の酒屋山下與右衛門宅で昏倒した。「日々老衰し、居候の身なので食事のたびに心配する。それで病気が出たのではないか」と嘉蔵は記している。漢方薬をあれこれ服用し、水銀中毒と自己診断し、禁酒した。

二月中旬には回復したが、無一文になり、土居通夫から三両、山下與右衛門から二両借りた。羽太周介の世話で、息子の喜作が造幣寮に雇われることになり、喜作は三月九日から造幣寮に出仕した。

おりしも、東京の三瀬諸淵が大阪府病院に再び迎えられた。諸淵なら鏡の製造技術を知っているかもしれない、と嘉蔵は三瀬宅を訪ねた。諸淵は外出中で、薄着の嘉蔵が「寒くてたまらない」と高子に訴えると、綿入胴着を与えられた。嘉蔵は三瀬から借りた書物を参考に薬品を調合し、金色額縁入り、縦六五センチ幅五八センチの西洋大鏡を完成させた。矢野貞興の口利きで三十五枚を製造し、売却した。

おりから喜作が、「造幣寮の給料では妻子も養えないので宇和島で百姓をしたい」と言う。父子は宇和島に帰ることにした。嘉蔵の自伝はここで終わる。前原喜市（嘉蔵）は巧山と号し、宇和島で余生を送った。大阪では「日々老衰し」と自伝に書いた嘉蔵であるが、なお二十年近く生き、明治二十五年九月十八日、八十歳で長逝した。

以下、嘉蔵の結婚歴について書いておく。

最初の妻は八幡浜の水口屋の娘おこう。母の勧めで結婚したが、「中村たいきょ」という医師と密通したので離縁した。次に、油屋彦兵衛の娘おくまと再婚し、益太郎（のち喜作）が生まれた。ところが、彦兵衛がおくまを裕福な者と再婚させたいというので、離縁した。

天保十二年（一八四一）、八幡浜の松葉屋八蔵の娘と再々婚した。松葉屋八蔵の娘はおしかけ女房で、色が黒く、痘痕面《あばたづら》であった。手先が器用で、宇和島に移住した嘉蔵の家業を助け、先妻の子益太郎を育てた。蒸気機関を完成した安政六年（一八五九）、嘉蔵は母と二人暮らしで、松葉屋八蔵の娘とは離別していたようである。

文久二年（一八六二）、城下大浦の役人の娘と結婚する。まもなく妻は重病になり、実家に帰った。

前原巧山

翌年三月、御荘組網代《あじろ》の国太郎（漁師、網元か）の娘ワサと結婚した。ワサは離婚歴があり、娘がいた。この娘と嘉蔵の息子喜作が結婚した。

結婚生活二年足らず、ワサは慶応三（一八六七）年一月に没した。嘉蔵は御船手方中山小右衛門の世話で再婚したが、「愚女」だったので離縁した。続いて、御船手方中村喜久太の世話で佐伯《さいき》町の女と結婚するが、手が痛いといって家事をせず、医者に行くと偽って柳町で男と密会したので離縁した。以後、嘉蔵は結婚していない。
嘉蔵の妻は水口屋おこう、油屋彦兵衛の娘おくま、松葉屋八蔵の娘、大浦の役人の娘、国太郎の娘ワサ、不詳の愚女、佐伯町の女、以上の七人。離別の理由は、妻の密通、嘉蔵の貧窮、不詳、妻の病気、妻の死亡、妻が愚女、妻の不貞である。

七代宗紀は離婚を人道に外れるとし、夫婦和合を奨励した。それだけ離婚が多かったということである。磯田道史「結婚と離婚の日本史」(『江戸の備忘録』所収)に、

「江戸時代の武士は、離婚率が高く、再婚を繰り返す者が少なくなかった。正確な記録の残る愛媛県の宇和島藩士三十二人について調べてみると、四割が離婚経験者だった。離婚や死別で二度以上結婚した人が六割、三度四度と再婚する者も二割いた。離縁された妻もすぐに再婚している。もちろん、庶民も、武士と同じか、それ以上に離婚した」

とある。庶民から武士になった嘉蔵の結婚は七回であるが、決して多いとはいえないようである。

江藤新平と芸者松吉

佐賀の乱は、佐賀県の不平士族が征韓党や愛国党を結成し、征韓論政変で下野し、帰郷していた前参議江藤新平を指導者に担ぎ、明治七年(一八七四)二月、約一万二千人が県庁のある佐賀城を攻撃した内戦である。

内務卿大久保利通が迅速に対応し、三月一日、政府軍は佐賀城を奪回した。江藤新平は部下とともに鹿児島に逃れた。下野していた西郷隆盛に挙兵を求めるためである。西郷は指宿《いぶすき》の鰻温泉で湯治し、犬を連れて狩猟に明け暮れていたが、挙兵の誘いを拒否した。

やむなく江藤は、高知に下野した旧土佐藩士林有造（元外務官吏）を訪ねて再起を図ることにした。江藤主従は宮崎県の飫肥《おび》で船を雇い、大荒れの豊後水道を渡って八幡浜に上陸し、宇和島に向かった。

すでに宇和島には、江藤逮捕のために愛媛県庁から役人二名が派遣され、街道の要所には捕吏が網を張っていた。電信による人相書（指名手配書）が出回っていた。電信を全国に普及させ、電信による指名手配を導入したのは、ほかならぬ江藤新平である。

三月十五日の夕刻、江藤主従は三組に分かれて分宿し、江藤は袋町の島屋旅館に投宿した。江藤は東京の商人加藤太助と名乗り、配下の二人はその手代として泊まった。江藤は怪しまれぬよう、芸者を呼んで騒いだ。

芸者は御浜通りの芸者置屋灘屋の松吉。大阪から来た気の強い女だったという。江藤は松吉に三味線を弾かせ、東京で流行っている「よしこの節（都々逸の源流）」を唄った。よしこの節が唄えるのは東京人の証拠である。

翌日、島屋の主人が「江藤新平らしき者が泊まっている」と邏卒《らそつ》屯所に通報し、これを察した江藤主従は、裏口から旅館を脱出した。駆けつけた役人が舶来行李《トランク》を開けると、上等の洋服一式が出てきた。まさしく手配中の江藤新平一味である。

土佐に向かうには松丸街道があるが、江藤はこの街道を危険と見て、別のルートを辿ることにした。

城下の東側に鬼ケ城連山が屛風のようにそそり立ち、最も高いところは一千メートルを超える。この鬼ケ城を越えて滑床渓谷を下ると、目黒という村があり、土佐は近い。大超寺奥の百姓兼庭師の藤《とう》弥助に山越えの道を教えてもらった。

雪になり、江藤らは山を這い、転びながら登攀《とうはん》した。夜が明けると、なんと同じところにいた。道に迷い、堂々めぐりをしていたのである。街道をとれば一日の行程にも満たないところを、三日三晩の山中彷徨の末に目黒に到着した。

街道町松丸の天満神社の近くに、松岡定吉という御手先（目明《めあかし》）がいた。本業は八面屋という荒物屋である。目黒に向かう三叉路で網を張っていたところ、江藤主従と遭遇した。捕物になり、定吉は着衣を数カ所切られ、髷も切られ、左手の指に軽傷を負い、江藤を取り逃がした。

江藤は高知で頼みの林有造に武装蜂起を説いたが、自首をすすめられ、大阪に向かうことにした。徳島へは街道を避け、険阻な岨道《そまみち》を辿った。難行苦行の逃避行だったが、高知県安芸郡甲浦《かんのうら》で捕縛され、佐賀に連行された。

大久保利通の江藤への憎悪は凄まじく、形式だけの臨時裁判を経て、四月十三日、江藤新平は梟《きょう》首《しゅ》された。斬首して獄門台に晒す残虐な刑である。大久保は士族反乱の再発防止のために、江藤の晒し首を写真に撮らせ、全国の県庁に配布した。

八面屋定吉は指のかすり傷を宇和島で見せて歩き、自慢した。八面屋は嫌われ者だったようで、宇和島では戯れ歌が流行った。

八面屋　七面倒のないうちに　九面（工面）をつけて　五面（御免）蒙《こうむ》れ

芸者松吉のその後については記録が見あたらない。松本清張は江藤の逃避行を短篇「梟示抄《きょうじしょう》」に書き、司馬遼太郎は江藤の生涯を長篇『歳月』に描いている。

大坂屋敷にあさが来た

平成二十七年度（二〇一五）後期のＮＨＫ朝の連続テレビ小説「あさが来た」が面白かった。ヒロインの「白岡あさ」のモデルは広岡浅子。浅子は嘉永二年（一八四九）、京都の豪商小石川三井家に生まれ、幕末から明治・大正を生きた女性である。実業家、社会運動家で、大同生命、日本女子大学の創始者でもある。

ドラマのあさは裁縫、お茶、お花、琴などの花嫁修業は苦手で、学問に興味を持つが、「女に学問はいらない」と読書を禁じられる。浅子は数え十七歳で、大坂の商家加島屋の広岡信五郎に嫁いだ。加島屋は鴻池と並ぶ豪商であるが、この頃、家業は傾いていた。

そこであさは、大名貸しの借金を取り返そうと、宇奈山藩大坂屋敷を訪ねる。訪ねるたびに門前払いされるが、足軽や門番が博打《ばくち》や酒盛りをしている小部屋に泊り込み、翌朝、小額ながら借金の一部を返してもらう。宇奈山藩、実は宇和島藩である。加島屋は宇和島藩の泉貨紙・杉原紙の販売指定業者でもあった。

　このドラマには商都大阪の恩人五代友厚が登場した。五代友厚の盟友が土居通夫である。いつ出てくるだろう、と思いながらドラマを視ていたが、登場することはなかった。

　大阪財界の巨頭土居通夫は明治三十六年（一九〇三）、大阪に第五回内国勧業博覧会を誘致し、その跡地に大遊園地「新世界ルナパーク」を開設した。シンボルタワーとしてエッフェル塔を模した通天閣（初代）を建てた。通天閣は通夫の一字を取って命名されたという。土居通夫は五代友厚の三女芳子を養女にし、伊達宗徳の五男剛吉郎を婿に迎えた。

五代友厚

土居通夫

渋沢栄一の娘

　連続テレビ小説「あさが来た」に渋沢栄一が登場した。あさ（広岡浅子）は銀行を創業するにあたって、「銀行の神様」の渋沢栄一に相談し、「いちばん大切なものは信用」と教えられる。なお、渋沢栄一は浅子の実家の豪商三井家を勧奨して東京に第一国立銀行（現みづほ銀行）を設立し、大蔵省を辞して頭取となる。さらに、浅子が日本女子大を創設する際、物心両面から支援している。

宇和島の城山の麓の護国神社に立派な狛犬が鎮座している。阿吽《あうん》の吽《うん》の狛犬の台座裏面に「大正三年四月十五日　男爵澁澤榮一」とあり、渋沢家と宇和島との浅からぬ関係が窺える。

明治二年（一八六九）十月、静岡の徳川慶喜のもとにいた渋沢栄一を大蔵官吏に抜擢したのは大蔵卿伊達宗城である。宗城は渋沢の第一国立銀行設立を支援し、家令西園寺公成《きんなり》をして華族連中に預金させた。宗城は栄一の恩人といってもよい。

慶応三年（一八六七）一月、幕府の巴里万国博覧会派遣団に随行した栄一は、通訳のアレクサンダー・フォン・シーボルト（楠本イネの異母弟）から英語を学んでいる。アレクサンダーは英国公使パークスの通訳として宇和島を訪ね、以後、伊達宗城の情報源となった。半年後に来宇したアーネスト・サトウは、砲兵隊長入江佐吉宅で一泊している。

明治元年九月二十二日、入江佐吉の同僚鈴木重舒《しげよし》（重樹）の二男邑次郎十三歳が、入江家の養子に迎えられた。入江家には数え五歳の長女と二歳の二女がいた。鈴木家は穂積と改姓し、邑次郎改め穂積陳重《のぶしげ》は藩の貢進生として大学南校（現東京大学）で学び、明治九年、文部省の第二回留学生として英・独に遊学した。明治十四年六月に帰国、月給百円で東京大学法学部に奉職する。おりから、伊達宗城の意を受けた西園寺公成が渋沢家に穂積陳重との縁談を持ち込んだ。相手は渋沢栄一の長女歌子である。

歌子は母千代から縁談を聞かされた。写真が残っているが、栄一の最初の妻千代は美形で、歌子も千代に似てなかなかの美人である。八月下旬、渋沢家の王子別荘のある飛鳥山の豊島川での舟遊びが見合であった。歌子は朝から島田髷に結ってもらい、お化粧をし、千代が仕立てた豪奢な着物と帯で

穂積歌子

穂積陳重

渋沢千代

盛装した。洋行帰りの陳重は青いセルの背広姿だった。このとき歌子十八歳、陳重二十六歳。

十一月、陳重は入江家との養子縁組を解消した。従二位様伊達宗城の意向とあっては入江佐吉に否やもないが、十八歳の入江の長女はどんな思いだっただろう。陳重は寝覚めが悪かったのか、以後、何かと入江家を支援した。翌る明治十五年四月二十五日に婚礼。媒酌人は西園寺公成が遠慮したので、宗城の意向で児島惟謙がつとめた。七月十四日、千代がコレラで急逝した。

歌子は結婚の翌年から日記を書き始める。法学者穂積陳重は政界・官界でも活躍し、歌子は多忙な夫の動向を記録した。日記からは歌子の内助の功が窺えるが、日常生活も綴られ、陳重が大の歌舞伎好きであったことも知れる。夫婦仲もよく、四男三女に恵まれた。大正十五年（一九二六）四月八日、陳重は狭心症で病没。子爵渋沢栄一は「故穂積男爵を懐《おも》ふ」を学士会月報に寄稿し、陳重が渋沢家の家法を作ってくれたことに感謝し、「故穂積は金は積まぬが書は積んだ」と結んでいる。

慶応三年に吉田藩領の庄屋の家に生まれた山下亀三郎は、無学文盲を装って人心を摑み、山下汽船（現商船三井）を設立して日本三大船成金とよばれた。亀三郎は無学ではなく、若い頃、穂積陳重に法学を学んだ。穂積から借金もしている。また、渋沢栄一とともに扶桑海上保険（現三井住友海上）を創設するなど、渋沢家・穂積家との縁も深い。

中野逍遙、恋に死す

明治期、文芸の分野で活躍した宇和島人は少なくない。嘉永二年（一八四九）生まれの末広鉄腸については後述する。「鉄道唱歌」「故郷の空」「青葉の笛」の作詞で知られる大和田建樹《たけき》は安政四年（一八五七）生まれ、東京高等師範学校の教授になるが、しだいに著述の仕事が増え、穂積陳重の「君の天凜は筆にある」の一言で文筆に専念し、国文学・謡曲研究・紀行文・随筆・作詞などで活躍した。

穂積陳重の従弟《いとこ》にあたる須藤南翠は安政五年生まれ、毒婦小説で名を上げ、政治小説『新粧之佳人』で名声を確立。幸田露伴は大正十四年（一九二五）、「明治二十年前後、須藤南翠は饗庭篁村《あえばこうそん》とともに文壇の二巨星であった」と回顧している。晩年、土居剛吉郎（伊達宗徳五男）に依頼されて土居通夫の伝記（一八六六）を執筆したが、中絶し、樋口一葉の師半井《なからい》桃水が書き継いだ。

中野逍容は慶応二年（一八六六）生まれ、明治十六年に上京、叔父の穂積重頴《しげかい》（陳重の兄、伊達家家扶）の屋敷（本所小泉町の伊達宗徳邸内）に止宿し、伊達宗城に仕える親戚の宇都宮綱《つな》条《え》宅から東京大学漢文科に通い、漢詩人・漢学者として将来を嘱望された。容姿端麗な逍遙には宇和島に婚約者に近い女性がいたが、破鏡した。ほかに、坪井すむという六歳年下の教え子がいたが、淡い関係だった。逍遥の年少の友佐々木信綱は短歌にすぐれ、柳原《やなぎわら》白蓮、村岡花子も信綱に学んだ。信綱の主宰する短歌結社「竹柏会」に、上州館林の素封家の娘南條貞子がいた、逍遥は四歳年下の南條貞子に恋着し、狂熱的な恋愛感情を漢詩に吐露した。路上に佇んで貞子の弾く琴の音にじっと聴き入る、というストーカーのような詩もある。

逍遥の想いは届かず、貞子は京橋の弁護士に嫁いだ。まもなく逍遥は急性肺炎で急逝、享年二十八歳。正岡子規、夏目漱石らが逍遥の死を惜しみ、島崎藤村は『若菜集』に追悼の詩「哀歌」を収めている。田山花袋の短篇「姉」に逍遥が登場する。同郷の花袋も同い年の貞子に恋した。

侯爵伊達家——華麗なる一族

戊辰戦争に参戦せず、一人の血も流さなかった宇和島藩は、維新を血で贖《あがな》わなかったことで、明治政府に有力な藩閥を持てなかった。しかし、伊達宗城は皇室と宮内省に重用され、明治五年（一八七二）、ロシアのアレクセイ・アレクサンドロヴィチ大公が来日すると、その接待掛をつとめた。

明治六年七月、楠本イネが明治天皇第一子の出産御用掛を宮内省から命じられ、イネはただちに福澤諭吉に相談した。石井信義が緒方洪庵の適塾で学んだとき、福澤は塾頭で、以来、同門の二人は親しい仲であった。イネは石井を通じて福澤と懇意にしていた。宮中のことなら伊達宗城であるが、イネは宗城には相談しなかったようである。九月十八日、永田町の御用邸で若宮が誕生したが、死産だった。二十二日、母の葉室光子も死亡した。

三カ月後、明治天皇が伊達宗城を訪ねた。この年、征韓論争があり、西郷隆盛、板垣退助、後藤象二郎、江藤新平らの征韓派、岩倉具視、大久保利通、木戸孝允らの反対派が激しく対立した。板ばさみとなった太政大臣三条実美は、心労の余り、病臥した。十二月二十九日、明治天皇は三条実美の別邸対鷗荘（台東区橋場二丁目一番）に太政大臣を見舞った。帰途、天皇は宗城の今戸屋敷（台東区今戸一丁目一番）で休息した。

宗城は天皇を隅田川に面した二階の西洋室に御案内し、天皇は、「いつ見てもあかぬ景色は隅田川灘路《なみじ》の花は冬もさきつゝ」と和歌を詠んだ。宗城には側妾の和（和浦）がいたが、和は別室に控えていた。宗城は天皇を二階に案内し、オルゴールや中国の書画を天覧した。

今戸屋敷には歌舞伎役者も訪ねている。尾上菊五郎、中村芝翫《しかん》、坂東三津五郎、市川團十郎などの名が宗城の日記に登場する。柳原前光に嫁いだ宗城の二女初子の老女が、人気役者中村芝翫、尾上菊五郎に会いたいというので、宗城は今戸邸に二人を招き、会わせてやっている。絵島生島事件（正徳四年）の昔から、歌舞伎役者は女性の憧れの的であった。

明治八年二月十七日、宗城の長男宗敦が留学先の英国から帰国した。宗敦は仙台藩最後の藩主慶邦の養子となり、慶邦の養女純《いと》と結婚した。仙台藩が賊軍となり、謹慎したが、明治三年十月に仙台藩知事となる。翌年三月に純は死亡、七月に知事を免官となり、英国に留学した。

帰国後一カ月、三月十九日に宗敦は今戸邸の父を訪ねた。父子は浅草を散歩し、甲子屋という茶屋

大礼服の宗城

で食事をした。翌日、宗敦の家扶が宗城を訪ね、「本日、宗敦様と萬喜《まき》様が結婚されました」と報告した。萬喜は松根図書の娘である。

宗敦は英国留学中、二歳年上の萬喜と婚約した。帰国後、宗城に婚約を報告すると、宗城は結婚に反対した。三月十九日、宗敦は「明日、結婚します」と宗城に告げようとしたが、切り出せず、翌日、家扶に報告させたのである。宗城は怒り、絶縁まで思いつめるが、その後、和解した。

宗敦と萬喜の末子が伊達順之助である。祖父宗城に似て銃の名手で、大陸浪人、馬賊として活動し、第二次大戦後、上海で銃殺刑に処せられた。その波乱万丈の生涯を檀一雄が長篇小説『夕日と拳銃』に描いている。

萬喜の妹の節子は、明治政府の官僚渡正元（旧広島藩士）に嫁いだ。正元の日誌に、節子が伊達家十代当主宗陳《むねのぶ》を訪ね、「伊達春山公の娘（養女）である」という書付をもらったが、帰宅したら帯に挟んだはずの書付がなくなっていた、という記述がある。

明治十年一月下旬、宗城は天皇の京都行幸に同行して京都に赴く。二月十七日、西南戦争が勃発。翌日、宗城は「天酌にて近頃これなく大酔」と日記に書いている。宗城は天皇の酌に畏れ入って、わずか二杯のワインで酔っ払った。西南戦争によって宗城の京都滞在は長引き、東京から和が訪ねてきた。

明治十二年、宗城はドイツ皇室アルベルト・ハインリヒ公、米国前大統領ユリシーズ・グラント、イタリア皇室ジェノヴァ公の饗応を命じられた。明治十四年にはハワイ国王カラカウア、明治二十年にはロシア皇室ミハイロヴィチ大公を接待した。

宗城の四男義麿は、中津八代藩主奥平昌服《まさもと》の養嗣子に迎えられ、中津藩最後の藩主奥平昌邁《まさゆき》となった。廃藩置県後、福澤諭吉（旧中津藩士）の慶應義塾に入学し、福澤に勧められて米国に留学した。明治十七年七月七日、維新の功により伯爵に叙せられたが、十一月に病臥した。宗城は連日見舞ったが、二十六日、昌邁は二十九歳で死んだ。生母のゆか（宗城の元側室）は奥平家に入っていたが、昌邁の遺言書には「ゆかを自分の妻子と同居させないように」と書かれていた。その理由は不明。

宗城をかつての奥女中が訪ねてくることもあった。くみという者については、「むかしハ随分美しき様存候処、大違のばゝ（婆）」になったと驚き、くみが夫に死なれて困窮し、三人の子供を奉公に出していることを日記に書いている。くみは無心に来たのかもしれない。

富子妃殿下

宗城の実家山口家も没落旗本の例に洩れず、宗城は浅草伝法院に閑居する兄山口直信をしばしば招いて酒を飲み、鰻を食べに出かけ、家族旅行に同伴した。明治十九年二月二十六日、宗城は危篤の直信を見舞った。翌日、臨終を看取り、二十九日、葬儀を営んでいる。

宗城は和を伴って伊達宗徳邸、北白川宮邸、伊達宗孝邸などの親戚を訪ねることもあった。北白川宮家は、宗徳の二女富子の嫁ぎ先である。北白川宮能久《よしひさ》親王は幕末に上野輪王寺宮門跡となり、上野戦争では彰義隊に担がれ、奥羽越列藩同盟の盟主となった。戊辰戦争後は謹慎したが、その後、陸軍中将になった。

富子は明治十九年、能久親王の後妻となった。前妻は山内容堂の長女光子である。明治十一年、北白川宮家から山内家に縁談が持ち込まれたとき、容堂は没していたので、宗城が相談に乗り、婚儀がまとまった。明治十八年、光子は病弱を理由に離縁され、翌年、富子が継室に迎えられた。

梅村和

北白川宮能久は日清戦争で近衛師団長として台湾に出征、マラリアに感染して急死した。富子と能久との実子成久王が宮家を継ぐが、成久王は留学先のパリで自動車運転中、事故死した。夫と息子を亡くした富子は、葉山の別邸でひっそりと暮らした。

宗城と和は芝の紅葉館での華族の宴席、祭りの縁日、団子坂の菊見物、目黒村の牡丹見物のほか、埼玉吹上の棚桜見物、江の島見物、伊香保温泉などへの遠出もした。川崎大師、亀戸天満宮、深川不動、水天宮、浅草寺、輪王寺、西新井薬師、柴又帝釈天などに参詣し、八日間かけての善光寺参りもしている。

髙島屋での買物や、向島の植半、八百松、新富町の竹葉亭、浅草の甲子屋、九段の富士見軒などで外食を楽しむこともあった。和は家事や育児、多数の親戚との交際や冠婚葬祭、墓参などで多忙であったが、肥満傾向だったので屋敷付近を散歩した。

明治十九年六月七日の朝七時、宗城は和と十二女の泰八歳、お供の者四人を伴って、人力車で今戸

新富座

邸を出た。新富座（旧守田座）で上演中の河竹黙阿弥の新作狂言「夢物語蘆生容画《ろせいのすがたえ》」を観るためである。この芝居は、高野長英が投獄される場面から始まり、火事に乗じて脱獄し、逃亡の末に幕吏と闘って喉を突くまでが描かれている。市川左團次、市川團十郎、市川海老蔵、市川段右衛門らが演じ、大当たりを取っていた。

　西洋式に夜間公演を始めたのは新富座が初めてである。日本に滞在するハインリヒ・フォン・シーボルト（アレクサンダーの弟）は大の日本贔屓・日本通で、新富座の柿落とし（明治十二年一月三日）に引幕を贈っている。

　宗城一行は新富座に隣接する茶屋で朝食、午前の部を観て昼食、午後の部を観て夕食、夜の部を観て夜食を取った。宗城は芝居がはねた後、茶屋に役者を招いて歓談することもあった。宗城は、三十八年前に大坂屋敷で高野長英と密談したときのことを語って聞かせたかもしれない。この日、宗城一行は夜の十一時に帰宅した。

　この年、宗城と家族はチャリネの曲馬を観ている。チャリネ曲馬団はイタリアのサーカス一座で、九月から横浜、東京、名古屋、大阪、神戸などで興行し、大人気を博した。

　新聞各紙は来日前から「チャリネ曲馬団来朝決定」「来朝近し」と報じ、来日後は興行のようすを連日のように報じた。宗城は就寝前に新聞を読み、気になる記事は切り抜いて手帳に貼るのを日課にしていた。和は自由絵入新聞を愛読していた。チャリネの曲馬が話題になり、家族揃って見物することになったのであろう。

和は鹿鳴館にも出かけた。鹿鳴館では舞踏会、仮装会、婦人慈善会などがおこなわれ、和は慈善会に参加している。明治二十二年六月十九日、宗城は木挽町（現銀座四丁目）の別邸含雪楼にアメリカ公使夫妻を招き、西洋料理でもてなした。上野精養軒から料理人、給仕、食器を借り、椅子と燭台は鹿鳴館から借りた。

鹿鳴館といえば、「歯のつき出た小男の日本人が、似合わない燕尾服を着て外人にペコペコしていたり、小人みたいな女がオオカミの衣みたいな夜会服を着て、二倍ほどの身長の外人につかまって踊っていたりする」と三島由紀夫が書いたビゴーの風刺画が有名である。

外務卿井上馨は不平等条約を改正するため、鹿鳴館に外国の高官貴顕を招いて盛んに舞踏会を催したが、結果的にはほとんど効果はなかった。ビゴーの風刺画を見れば、むべなるかなと思わざるをえない。

三島由紀夫の戯曲「鹿鳴館」は、昭和三十一年（一九五六）の初演以来、新劇、新派、劇団四季などで上演され、テレビドラマや映画になり、オペラにもなっている。柳原伯爵家のことを三島は知っていただろうか？　柳原前光と初子はロシアに外遊し、初子は鹿鳴館でダンスを踊ることができた数少ない日本女性の一人であった。初子は背が高かったので、「小人みたいな女が二倍ほどの身長の外人につかまって」踊るようなことにはならなかったはずである。

戯曲「鹿鳴館」は、「明治十九年十一月三日　天長節の午前より夜半まで」という設定である。舞台の幕が開くと、影山伯爵邸の宏壮な庭に女客が集まってくる。大徳寺侯爵夫人季子と娘の顕子、宮村陸軍大将夫人則子、坂崎男爵夫人定子の四人で、日比谷の練兵場で行われる天長節の観兵式を、庭から眺めようというのである。

影山伯爵は井上馨を髣髴とさせる外務大臣で、いわゆる維新の元勲である。影山の妻朝子は、かつて新橋で名妓と謳われた女性である。

おもむろにヒロイン朝子が登場し、女客とのやり取りがある。大徳寺侯爵の令嬢顕子が、「あの、……夏のをはりでござゐますわ。まだコレラがはやつてゐて、父は外出をゆるしませんでしたけれど、母と二人でこつそり抜け出して、チヤリネの曲馬を見にまいりましたの」と朝子に語る。

第二幕に、影山伯爵の次のような台詞がある。

末広鉄腸

「お前は末廣鐵腸の『雪中梅』といふ阿呆な小説をお讀みかい？　いや〳〵、今は小説の話なんぞしてゐる場合じやない。今夜の手筈は万事万端整つてゐるだらうね」

庭の茶室で、腹心で刺客の飛田天骨と密談する際の台詞である。

末広鉄腸は嘉永二年（一八四九）二月二十一日、宇和島藩の下級藩士末広禎介の二男として生まれた。自由民権思想家として東京曙新聞、朝野新聞で時局を痛論した。新聞紙条例の制定を批判し、日本で最初の条例違反者として獄舎につながれた。鉄腸は小説家としても活躍し、明治政治小説の傑作が『雪中梅』である。

影山伯爵が『雪中梅』を「阿呆な小説」というのはなぜか？　『雪中梅』の主人公は憲法制定、議会の開設、地租軽減、言論・集会の自由などを求める自由民権運動家である。外務大臣影山は自由民権運動とは敵対する立場にある。それゆえ、『雪中梅』は影山にとって「阿呆な小説」なのである。

昭和四十五年十一月二十五日、三島由紀夫は主宰する「楯の会（民兵組織）」の会員森田必勝ら四名を引き連れ、市谷の自衛隊東部方面総監本部を襲撃した。三島は隊員を庭に集め、バルコニーから憲法改正と自衛隊の決起を訴えたが、野次と怒号を浴び、三島と森田は総監室で割腹自決した。

三島は事前に、二人のジャーナリストに市谷に臨場するよう手紙で要請していた。一人は「サンデー毎日」の記者徳岡孝夫、もう一人はＮＨＫ記者伊達宗克。和浦の三人目の男子伊達宗曜《むねてる》が伊達宗孝の娘富貴子と結婚し、その二男が伊達宗克である。

事件後、徳岡孝夫は三島について語り、対談し、本も書いたが、伊達宗克は黙して語らなかった。生前の伊達宗克を知る人から聞いた話であるが、宗克はたいへんな大酒家で、飲み始めると止まらなかったという。

明治二十三年五月八日、宗城が和に宛てた手紙とその下書きが残っている。宗城は和との約束を何度も破ることがあり、和は愛想をつかして離縁を願い出た。下書きには「身から出た錆なのでいまさら止めることもできない」と書いているが、手紙では「いま於和に見捨てられては内外のこと一日もたちゆかず」「なにとぞ此度のところを堪忍、堪えくれ候様、誠に恥じ入り候得ども、ひとえにくくく頼み候」と平謝りしている。結局、二人は和解した。

明治二十四年四月二十三日、伊達宗徳が侯爵に叙せられた。仙台伊達家は伯爵である。五代村候の本末の争いから百四十三年、爵位においては西国の伊達が東国の伊達の上位となった。最晩年の宗城に慶事が続く。四月三十日、三十九歳の和が宗城の最後の子の十四女国を産み、宗城は日記に「雀躍喜悦」と記した。

明治二十五年十二月二十日、伊達宗城は七十四歳で病没。和は男爵伊達宗曜邸で暮らした。宗曜は大正十一年（一九二二）七月十六日、四十三歳で死去。和は大正十五年四月三日、七十四歳で没した。

明治二十八年八月五日、英国公使アーネスト・サトウは日記にこう記している。

「何人かの人々を答礼のため訪問する。その一人は宇和島の伊達宗陳《むねのぶ》で、英語を話す。その令妹は北白川宮妃殿下（富子）であり、その夫人（納子）は久留米藩有馬家の出で、夫人の令妹は小松宮妃殿下である。もう一人は男爵伊達宗敦である。伊達宗城の令息であり、その夫人は私の古い知己の松根三楽（図書）と妻のお豊さん――素晴らしい女性だった――の令嬢（萬喜）である」

伊達宗陳

文中の「夫人（納子）の令妹は小松宮妃殿下である」はサトウの誤認で、妹ではなく姉の頼子。「妻のお豊さん」も誤りで、トモである。
伊達宗陳は、サトウが軍艦アーガス号で宇和島を訪問した三十年前、守り刀を掲げた奥女中を従え、岸壁でお出迎えをし

伊達納子

伊達孝子

た萬壽若《ますわか》（当時六歳）である。ロンドン遊学から帰国後、久留米藩最後の藩主有馬頼咸《よりしげ》の娘納子《のりこ》と結婚したが、納子は二十九歳で亡くなり、紀州藩最後の藩主徳川茂承《もちつぐ》の娘孝子と再婚した。

孝子は津田梅子（教育者。津田塾大学創始者）に洋学を学び、絵画を佐久間棲谷に師事し、素人離れした作品を残している。孝子が姉久子（紀州徳川家十五代頼倫夫人）、妹保子（伊予西条松平家十代頼英夫人）と三人で「源氏香」を楽しんだ記録が伊達家に残っている。

明治三十一年七月九日の萬朝報《よろずちょうほう》に、「伊達宗陳は侯爵伊達宗徳の嫡男なるが、北品川の自邸に大塚テイ（数え二十三歳）なる妾を蓄う。テイは神田旭町の大工与助の長女にて類まれなる美人なるより、かつて歌舞伎見物の際、宗陳氏に見初められてついに妾となる」というゴシップ記事が出ている。宗城、宗徳もそうだが、宮中顧問官伊達宗陳も美人には弱い。

宗陳は男子に恵まれず、宗徳の三男伊達紀隆《ただたか》の三男宗彰《むねあき》を養子にし、十一代当主とした。宗彰の妻は松平春嶽の三男慶民《よしたみ》の長女美智子。十二代当主は故伊達宗禮氏、十三代の現当主は伊達宗信氏であるが、旧大名家の姫君を妻に迎えたのは宗彰が最後である。

百歳長寿の春山と保科節子

明治以後も伊達春山（宗紀）は宇和島にとどまり、天赦園で余生を過ごす。春山は能書家で、書三昧の日々を送り、明治八年（一八七五）六月十一日、天皇から硯を賜っている。この年から春山は田地を買い占め、公債を購入してその利益でさらに土地を購入した。春山の資産運用によって伊達家は旧大名家の中でも有数の資産家となった。

明治二十二年五月、宇和島で春山公百歳長寿の祝いがあった。伊達宗城は祝賀行事に参加するため、四月二十三日に東京を汽船で出発した。

翌日、神戸に到着した宗城の日記に「長崎いとくと岸江出る」とある。「長崎いとく」は楠本伊篤（イネ。六十一歳）で、「岸江」は宗城の側室栄浦のおばで、かつての上級奥女中。イネと岸江は旧知の関係で、二人揃って宗城に面会し、翌日もイネと岸江は宗城と面談した。

楠本イネは明治十年二月、順調な築地の産科医院を廃業し、大阪の三瀬夫婦と同居した。この突然の大阪行きは謎であるが、シーボルトが召使しおに産ませた松江（十六歳）が大阪の外国人医師の妾になり、妊娠堕胎したため、事態収拾のために赴いた可能性がある。十月十九日、三瀬諸淵が三十八歳で急逝した。

石井信義は「片腕をもぎ取られたような気がする」と痛切な悔やみ状をイネに送っている。東京で裁判官になっていた松根権六（内蔵）は、悔やみ状にイネと高子に東京に出てくるよう勧め、「及ばずながら、できるだけのお世話をさせていただきます」と記している。しかしイネは、二十五歳の寡

宗紀（春山公）肖像画

婦高子とともに長崎に帰郷した。

　明治十二年七月、高子は婚外子周三を出産した。高子は晩年、石井信義の門人片桐重明の「毒手にかかって妊娠した」と告白しているが、周三の父親は片桐ではなく、外国人であった可能性がある。周三出産の三カ月後、高子は医師山脇泰介と再婚し、イネは周三を自分の養子にした。

　七年後、山脇泰介は高子と娘たき、たねを残して三十五歳で病死した。イネは、周三、高子、たき、たねとともに東京に移住することを考え、東京の親戚知人と相談するために上京する。その途中、宗城と面会したのである。残念なことに、宗城は面談の内容を日記に記していない。

　宇和島に集まった伊達家一族が、記念に撮影した写真がある。椅子に掛けた黒紋付の春山の隣に、洋服の宗城がいて、開いた両足の間に男の子がちょこんと座っている。保科節子の三男保科正昭である。のちに子爵となり、北白川宮能久の第三王女武子と結婚した。

　宗城の後ろに背が高く、顔の長い女性が立っている。柳原前光に嫁いだ宗城の二女初子である。その隣が飯野藩主保科正益《まさあり》に嫁いだ節子である。宗城は節姫をお元と呼ばれていた幼女の頃からたいへん可愛がり、明治以降も保科節子は宗城を頻繁に訪ね、宗城一家と芝居見物や家族旅行を楽しんだ。

　明治七年五月九日、東京市愛宕下の保科邸で節子は女児を産んだ。それまで節子は流産（二度？）しており、宗城はお雇い外国人医師ホフマンの診察を受けさせている。五月十三日、宗城は女児を寧《しず》

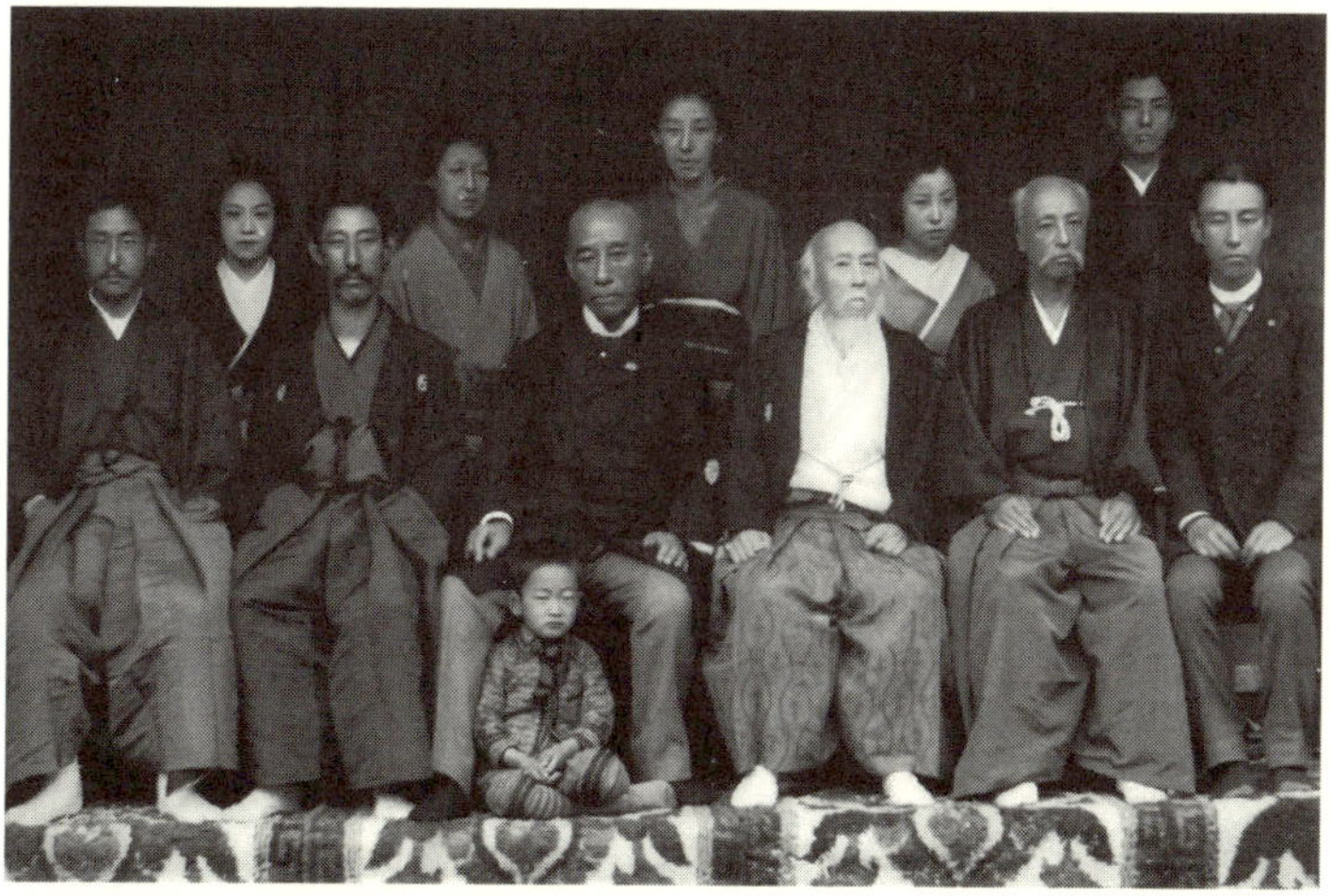

春山公百歳祝いの記念写真　明治22年5月

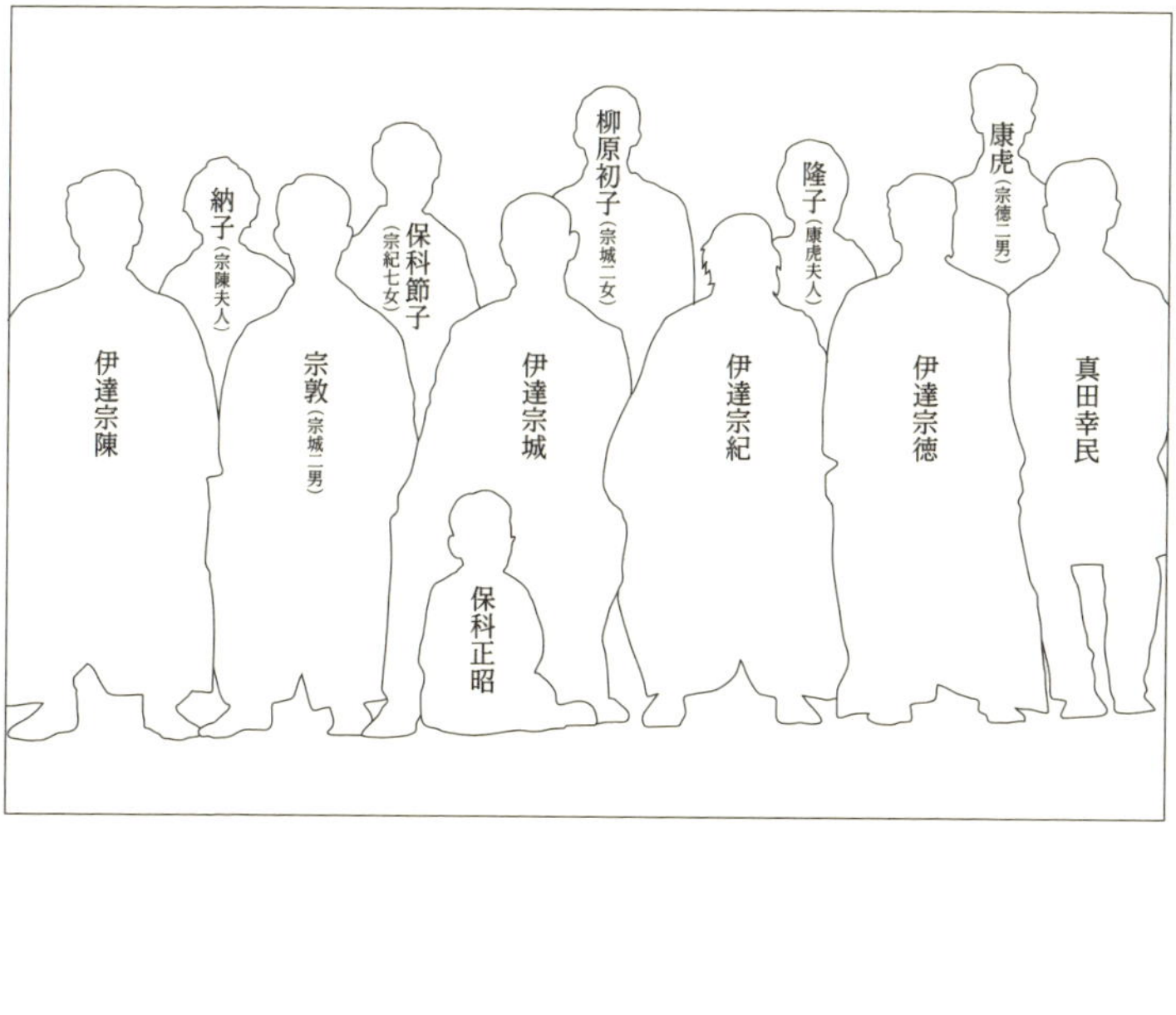

子《こ》と命名した。長じて寧子は、母節子と宗城に連れられ、芝居見物などをしている。

　この記念写真に寧子は写っていない。このとき十四歳、東京でお留守番をしていたのだろうか。十一歳八カ月の寧子の写真があるが、涼しい眼をした美少女である。紀寿の祝賀の半年後、十二月二十五日、伊達宗紀は大往生した。明治八年三月三日、春山に引見され、その俊才を賞せられた中野逍遥は、鴻恩ある春山の死を悼んで長大な漢詩を書いている。明治二十七年、保科寧子は三菱合資会社社長岩崎久彌と結婚した。久彌は二十九歳、寧子は二十歳。駒込六義園の新居で新婚生活を始めた。男爵岩崎久彌は岩崎彌太郎の長男、三菱財閥の三代目総帥である。

寧子　明治19年1月撮影

大正三美人白蓮の悲恋

　ＮＨＫ朝の連続テレビ小説「花子とアン」（平成二十六年度上半期放送）は、過去十年間で最高の視聴率を記録した。『赤毛のアン』の翻訳者であるヒロインの村岡花子もさることながら、花子の腹心の友である「蓮子さん」が注目を集めた。蓮子はドラマの仮名で、実名は燁子《あきこ》である。

　蓮子さんこと柳原白蓮、白蓮は歌人としての号で、最終的な本名は宮崎燁子である。旧姓は柳原、北小路、伊藤で、旧姓の多さが、その波乱の人生を物語っている。父は伯爵柳原前光、燁子を産んだのは妾のりょう。りょうの父は新見正興という大身旗本で、咸臨丸による遣米使節団の団長をつとめた。維新後、病没し、りょうは新橋の芸者になった。鹿鳴館の舞踏会の途中、りょうが娘を出産したという報告を受け、柳原伯爵は燁子という華やかな名を命名した。

幕末、松根内蔵は西洋船購入の任務を帯びて長崎に赴き、上海に密航し、オランダ商館員A・J・ボードイン（医師ボードインの弟）から三万七千両で購入した。天保年間に進水したオランダ船で、「天保録」と命名された。

宇和島に回航する「天保録」を嘉蔵（前原喜市）が操船した。船齢三十年の「天保録」は故障の連続で使い物にならず、のちに久留米藩に転売された。とんでもない高い買い物をした内蔵は、宗城に叱られるでもなく、宗城の四女敏子を妻に迎えた。維新後、内蔵は権六と名を改め、裁判官になり、東京築地に住んだ。

松根内蔵

明治十一年（一八七八）二月二十五日、権六と敏子との間に豊次郎が生まれる。豊次郎は伊達宗城の外孫である。父権六の転勤にともなって愛媛県に移住し、松山中学（愛媛県尋常中学校）の五年生のとき、赴任してきた英語教師夏目漱石に傾倒心酔した。豊次郎は漱石が死ぬまで師と仰ぎ、漱石の盟友正岡子規から俳句を学び、俳人松根東洋城《とうようじょう》として大成した。俳号東洋城は豊次郎のもじりである。

白蓮

松根豊次郎（左）、松根敏子（中）、松根卓四郎（右）敏子は父宗城に似て非常に面長

明治三十八年、東洋城二十七歳の句に、「いとこなる女《おみな》と春を惜しみけり」がある。「いとこなる女」は白蓮である。白蓮は最初の夫である華族の北小路資武《すけたけ》と離婚し、十五歳のときに産んだ男の子を京都の北小路家に残し、東京に戻る。

明治三十九年、東洋城は麻布桜田町の柳原邸に仮住まいした。宮内省に入った東洋城は下宿生活をしていたが、宮内省官吏が下宿住まいでは外聞が悪い、ということで伯母初子の嫁ぎ先の柳原家に居候した。このとき、東洋城は白蓮を見初めた。

東洋城と白蓮は一つ屋根の下で暮らしたわけではない。白蓮は世間体の悪い「出戻り」で、母初子の隠居所で幽閉同然の生活をしていた。姉の信子が差し入れてくれる「枕草子」や「源氏物語」などの古典、最新の小説など、読書だけが慰めの日々であった。

白蓮と相思相愛となった東洋城は、父権六に結婚の許しを求めるが、「子供を産み、離婚歴のある女を、由緒ある松根家の惣領（嫡男）の妻に迎えるなどもってのほか」と猛反対された。東洋城は生涯独身を心に決め、「妻持たぬ我と定めぬ秋の暮」と辛い心境を句にした。

東洋城と白蓮の恋は秘めた恋ではなかった。明治四十年、夏目漱石は二人が心中するのではないかと心配し、葉書を二通、東洋城に送った。「朝顔や惚れた女も二三日」などと書き、諧謔《かいぎゃく》を装っているが、漱石が封書ではなく葉書にしたのは、柳原家の人の目にふれるようにし、心中しないよう監視してもらうためであった。

明治四十一年、白蓮は東洋英和女学校に編入学し、村岡花子と親交を深め、白蓮は花子の腹心の友となる。明治四十三年に卒業、この年の十一月、白蓮は九州の炭鉱王伊藤伝右衛門と上野精養軒で会食する。白蓮二十五歳、伊藤伝右衛門五十歳。

白蓮は会食が見合いであるとは知らされていなかったが、縁談は着々と進んだ。貴族院議員に出馬する義兄の柳原義光が、伊藤伝衛門から選挙資金を得るための政略結婚だったともいわれる。

労働者上がりの地方の平民実業家が、東京の伯爵家から妻を迎えるのは前代未聞のことで、「華族の令嬢が売り物に出た」などと新聞に書きたてられ、世間の話題になった。明治四十四年二月、白蓮は伊藤伝右衛門と再婚する。この愛なき結婚を東洋城は責めた。九州に向かう白蓮に、

吾を恨む人の言伝たのまれし　四国めぐりの船のかなしも

という歌がある。「吾を恨む人」は東洋城である。東洋城は「松山中学始まって以来の美少年」といわれた美男であった。とかく、美男美女の恋は実らないものである。

参考図書・文献

〈一般図書〉
伊達眞美『伊達家の風景』（三月書房　一九九六年）
佐藤憲一『伊達政宗謎解き散歩』（ＫＡＤＯＫＡＷＡ　二〇一四年）
福田千鶴『御家騒動』（中公新書　二〇〇五年）
山本博文『江戸人のこころ』（角川選書　二〇〇七年）
山本博文『大奥学』（新潮新書　二〇一〇年）
畑尚子『江戸奥女中物語』（講談社現代新書　二〇〇一年）
鈴木由紀子『大奥の奥』（新潮新書　二〇〇六年）
野口武彦『幕末バトル・ロワイヤル　慶喜の捨て身』（新潮新書　二〇一一年）
アーネスト・サトウ『一外交官の見た明治維新』（岩波文庫　一九六〇年）
アーネスト・サトウ著・長岡祥三訳『アーネスト・サトウ公使日記１』（新人物往来社　一九八九年）
大山瑞代訳『幕末維新を駆け抜けた英国人医師――蘇る「ウィリアム・ウィリス文書」』（創泉堂出版　二〇〇三年）
宇神幸男『シリーズ藩物語　宇和島藩』（現代書館　二〇一一年）
宇神幸男『シリーズ藩物語　伊予吉田藩』（現代書館　二〇一三年）
宇神幸男『幕末の女医　楠本イネ――シーボルトの娘と家族の肖像』（現代書館　二〇一八年）

〈専門書・地方図書〉
『鶴鳴餘韻』（伊達家家記編輯所　一九一四年）
『北宇和郡誌』（愛媛県教育協會北宇和部会　一九一七年）

『吉田町誌』（吉田町誌編纂委員会　一九七一年）
三好昌文『宇和島藩の儒学と洋学』（佐川印刷株式会社　二〇〇一年）
篠崎充男『文宝日記を読む　宇和島藩城代家老桑折宗臣の日々』（愛媛県文化振興財団　一九九二年）
芝正一編『岡太仲旅中手控』（佐川印刷株式会社　一九八二年）
三好昌文・蔦優・松岡明宏編『前原巧山一代噺』（佐川印刷株式会社　一九九七年）
篠崎充男編『本間游清歌文集』（佐川印刷株式会社　一九九八年）
二宮敏博『明治の漢詩人中野逍遙とその周辺――『逍遙遺稿』札記』（知泉書館　二〇〇九年）
穂積重行編『穂積歌子日記――一八九〇―一九〇六　明治一法学者の周辺』（みすず書房　一九八九年）
近藤俊文・水野浩一編『宇和島伊達家叢書⑥　伊達宗徳公在京日記』（創泉堂出版　二〇一八年）
高橋傳一郎編『後藤逸女　藻塩草――史料と背景』（桂文庫　一九九八年）
藤川裕子『佳姫婚礼記録』（木曜社　二〇〇七年）
渡部良彦解読『晦巖日記　四』（宇和島市教育委員会　二〇一九年）

〈論文・紀要・図録〉

平川新「綱宗の不作法と忠宗――新出史料の紹介を兼ねて」（『市史せんだい第14号』仙台市博物館　二〇〇四年）
室捷之「伊達綱宗の胸椎」（『一整形外科医が綴る　脊椎日本史18話』所収　東海脊椎外科研究会　二〇〇三年）
藪田貫「横山桂子『露の朝顔』――江戸の武家女性が見た大坂と上方」（関西大学なにわ・大阪文化遺産学研究センター　二〇〇六年）
江後迪子「宇和島藩伊達家の婚礼記録について――食の記録を中心に」（港区立港郷土資料館『研究紀要14』　二〇一一年）
山口美和「伊達宗城の家庭生活――愛妾栄を中心に」（『霊山歴史館紀要　第20号』二〇一一年）
山口美和「伊達宗城の家庭生活――正室猶姫を中心にして」（『西南四国歴史文化論叢よど　第13号』二〇一二年）
山口美和「伊達宗城の家庭生活――愛妾和を中心に」（『霊山歴史館紀要　第21号』二〇一三年）

山口美和「伊達宗城をめぐる女たち――義妹お節とお正を中心に」（宇和島市民歴史文化講座資料　二〇一四年）
山口美和「史料翻刻　伊達宗城の下向日記――安政二年の場合」（『西南四国歴史文化論叢よど　第15号』二〇一四年）
山口美和「宇和島伊達家の女性たちについて――二代藩主生母浅井氏於小奈を中心として」（宇和島市民歴史文化講座資料　二〇一五年）
宮川禎一「千葉佐那の面影――「千葉貞女」画像をめぐって（『歴史読本』二〇一〇年二月号）
宮川禎一「目撃された千葉佐那――伊達宗城史料に記された千葉佐那」（『歴史読本』二〇一〇年四月号）
志後野迫希世「武家の暮しと風習」（宇和島市民歴史文化講座資料　二〇一二年）
上田理沙「長寿、宗紀」（宇和島市民歴史文化講座資料　二〇一二年）
志後野迫希世「5代藩主村候について」（宇和島市民歴史文化講座資料　二〇一四年）
上田理沙「伊達家の食について――江戸中期資料を中心に」（宇和島市民歴史文化講座資料　二〇一四年）
仙波ひとみ「水戸徳川家と宇和島伊達家」（『茨城県史研究』第99号　二〇一五年）
図録『しながわの大名下屋敷』（品川区立品川歴史館　二〇〇三年）
図録『三瀬諸淵　シーボルト最後の門人』（愛媛県歴史文化博物館　二〇一三年）
図録『宇和島伊達家伝来品図録』（宇和島市立伊達博物館　二〇〇七年）
図録『政宗見参！　仙台伊達家と宇和島伊達家』（宇和島市立伊達博物館　二〇一二年）
図録『結の華――佐賀鍋島家と宇和島伊達家の幕末・明治』（宇和島市立伊達博物館　二〇一三年）
図録『宇和島伊達四〇〇年祭特別展図録』（宇和島市立伊達博物館　二〇一五年）
図録『平成28年度宇和島市立伊達博物館特別展図録』（宇和島市立伊達博物館　二〇一六年）
図録『明治150年記念　平成30年度宇和島市立伊達博物館特別展図録』（宇和島市立伊達博物館　二〇一八年）

右に掲げたほか、「三浦家文書研究会」のサイト、多数の書籍・文献等を参照した。

図版出典一覧

・番号はページ数に対応しています。
・ここに記載がない写真は、著者の撮影です。

7 「教導立志基」／東京都立図書館蔵
9 広島大学大学院教授三浦正幸氏による復元図
13 奈良県立美術館蔵
14 豊臣秀吉、（公財）宇和島伊達文化保存会蔵
14 富田知信、金剛山大隆寺蔵
15 金剛山大隆寺蔵
18 最勝山立正寺蔵
20 二点とも、渡辺武『戦国のゲルニカ──「大阪夏の陣図屛風」読み解き』（新日本出版社　二〇一五年）
21 弘経寺蔵
23 早稲田大学坪内博士記念演劇博物館蔵
25 山家清兵衛公、金剛山大隆寺蔵
25 山家清兵衛生母、壽福山妙楽寺蔵
32 洋犬、図録『しながわの大名下屋敷──お殿さまの別邸生活を探る』（品川区教育委員会　二〇〇三年）
32 伊達綱宗、仙台市博物館蔵
33 仙台市博物館蔵
34 早稲田大学坪内博士記念演劇博物館蔵
37 『甲斐家文書』（佐川印刷株式会社　二〇一一年）

40　（公財）宇和島伊達文化保存会蔵
44　（公財）宇和島伊達文化保存会蔵
45　（公財）宇和島伊達文化保存会蔵
47　（公財）宇和島伊達文化保存会蔵
48　『鶴鳴餘韻』（伊達家家記編輯所　一九一四年）
49　二点とも、（公財）宇和島伊達文化保存会蔵
53　二点とも、（公財）宇和島伊達文化保存会蔵
64　（公財）宇和島伊達文化保存会蔵
68　『本間游清歌文集』（伊予吉田旧記刊行会　一九九八年）
69　『露の朝顔　一』／国会図書館蔵
73　（公財）宇和島伊達文化保存会蔵
78　西予市宇和先哲記念館蔵
81　（公財）宇和島伊達文化保存会蔵
86　『医家先哲肖像集』（刀江書院　一九三六年）／国会図書館蔵
87　山口市歴史民俗資料館蔵
92　『伊予の古地図――国絵図から村絵図まで』（伊予史談会　二〇一八年）
98　「竜馬がゆく」（『サンケイ新聞』夕刊　昭和三十七年七月二十四日）
111　（公財）宇和島伊達文化保存会蔵
112　『明治150年記念　平成30年度宇和島市立伊達博物館特別展図録』（宇和島伊達博物館　二〇一八年）
113　『岡太仲　旅中手控』（佐川印刷株式会社　一九八二年）
117　（公財）宇和島伊達文化保存会蔵
125　大野昌三郎、故山村昌太郎氏蔵

125 楠本イネ、高子、大洲市立博物館蔵
129 『英国軍艦が宇和島に来航　その歴史的意義について考える』（宇和島歴史文化研究会　二〇一五年）
130 国際日本文化研究センター蔵
131 明心楼、（公財）宇和島伊達文化保存会蔵
131 ウィリス、横浜開港資料館蔵
132 三点とも、大洲市立博物館蔵
133 横浜開港資料館蔵
135 松根敦子氏提供
140 （公財）宇和島伊達文化保存会蔵
149 宇和島市立伊達博物館蔵（都築剛吉氏寄贈）
151 宇和島市立中央図書館蔵
152 大洲市立博物館蔵
153 明治十二年 明治天皇御下命『人物写真帖』〈上〉（宮内庁　二〇一五年）
155 本田耕一氏提供
160 五代友厚、近代日本人の肖像／国会図書館蔵
160 土居通夫、関西大学　年史編纂室
162 渋沢千代、『はゝその落ち葉』（穂積歌子　一九三〇年）／国会図書館蔵
162 穂積陳重、「東京帝國大學　明治三十三年」（小川写真製版所）／国会図書館蔵
162 穂積歌子、『穂積歌子』（禾恵会　一九三四）／国会図書館蔵
166 （公財）宇和島伊達文化保存会蔵
167 （公財）宇和島伊達文化保存会蔵
169 『ケンブリッジ大学秘蔵明治古写真——マーケーザー号の日本旅行』（平凡社　二〇〇五年）／横浜開港資料館蔵

171　近代日本人の肖像／国会図書館蔵
173　（公財）宇和島伊達文化保存会蔵
174　2点とも、（公財）宇和島伊達文化保存会蔵
176　（公財）宇和島伊達文化保存会蔵
177　記念写真、（公財）宇和島伊達文化保存会蔵
178　（公財）宇和島伊達文化保存会蔵
179　松根敦子氏提供
180　白蓮、『柳原白蓮の生涯』（河出書房新社）
180　松根家、松根敦子氏提供

協力
（公財）宇和島伊達文化保存会／宇和島市立伊達博物館／大洲市立博物館／千田美和／佐藤憲一／井上淳／藤木忠良／近藤俊文／佐藤伊吹（順不同、敬称略）

あとがき

昭和四十一年、高校一年生のとき、日曜日の夜、母が熱心に新聞を読んでいました。朝日新聞日曜版に連載中の吉屋信子「続・徳川の夫人たち」を愛読していたのです。正編はその前年、同紙夕刊に連載されています。

江戸城大奥や奥女中については、昭和五年に刊行された三田村鳶魚《えんぎょ》の大著『御殿女中』があります。これは歴史好き向けの専門書で、吉屋信子の『正続・徳川の夫人たち』によって大奥は人口に膾炙します。翌年、さっそくテレビドラマ化され、東映が映画「大奥㊙物語」を製作し、以後、映画・テレビドラマ・舞台作品が平成にいたるまで量産され、虚実はともあれ、大奥は広く知られています。

大名家には江戸屋敷に正室と子女、その奥女中がいました。側室、その子女、奥女中もいて、この構図は江戸城大奥とあまり変わりませんが、大名家は領国にも側室と子女、奥女中がいたので、徳川将軍家よりも複雑です。

概して女性に関する記録は断片的ですが、宇和島藩伊達家では正室・側室・奥女中は奥のヒエラルキーに共存し、奥に端を発する事件や騒動はなかったようです。御家騒動になったために記録が残っていますが、幕末の吉田藩伊達家にはドラマ顔負けの側室の暗躍（毒殺疑惑）がありました。

さて、大名家の女性たちについてまとめた本は、これまでなかったのではないでしょうか。たとえば、『加賀百万石の女性たち』という本があってもよさそうに思うのですが、寡聞にして見当たりません。記録に乏しいか、書こうという人がいないということでしょうか。

仙台藩伊達家の場合、佐藤憲一先生（仙台市博物館元館長）に照会したところ、歴代藩主夫人の手紙は残っているが、側室や奥女中の手紙や日記はほとんど残っていないとの由。どうやら著者は、小著を「類書はない」と自負してよいのかもしれません。

なお、表紙を飾る「佳姫様婚礼行列図」は、文書記録に基づく想像図です。著者の考証はあやしいものですが、佐藤伊吹さんの細密な描画は見事です。

歴史書は四冊目になります。前著『幕末の女医　楠本イネ――シーボルトの娘と家族の肖像』の刊行後、わずか一年余りで上梓できるのは、勤め人生活からリタイアしたこともさることながら、ひとえに諸先学の御研究と御教示の賚《たまもの》です。あえてお名前はあげませんが、厚くお礼申し上げます。

平成三十一年（二〇一九）四月三十日――平成最後の日に

宇神幸男

宇神幸男（うがみ・ゆきお）
昭和二十七年（一九五二）愛媛県宇和島市生まれ。『神宿る手』『ヴァルハラ城の悪魔』（講談社）、『水のゆくえ』（角川書店）、『髪を截る女』（実業之日本社）などの小説、『シリーズ藩物語　宇和島藩』、『シリーズ藩物語　伊予吉田藩』、『幕末の女医　楠本イネ――シーボルトの娘と家族の肖像』（現代書館）などの歴史書がある。

著者近影

宇和島伊達家《うわじまだてけ》の女性《じょせい》たち

二〇一九年六月二十七日　第一版第一刷発行

著　者　宇神幸男
発行者　菊地泰博
発行所　株式会社　現代書館
東京都千代田区飯田橋三―二―五
郵便番号　102-0072
電　話　03（3221）1321
ＦＡＸ　03（3262）5906
振　替　00120-3-83725

組　版　具羅夢
印刷所　平河工業社（本文）
東光印刷所（カバー）
製本所　鶴亀製本
装　幀　奥冨佳津枝

校正協力・高梨恵一　トレース協力・曽根田栄夫（p.177）
 ISBN978-4-7684-5861-7
定価はカバーに表示してあります。乱丁・落丁本はおとりかえいたします。
http://www.gendaishokan.co.jp/

活字で利用できない方のための
テキストデータ請求券
『宇和島伊達家の女性たち』